HISTOIRE

DE LA CHAUSSURE

De la Cordonnerie et des Cordonniers célèbres

DANS L'ANTIQUITÉ

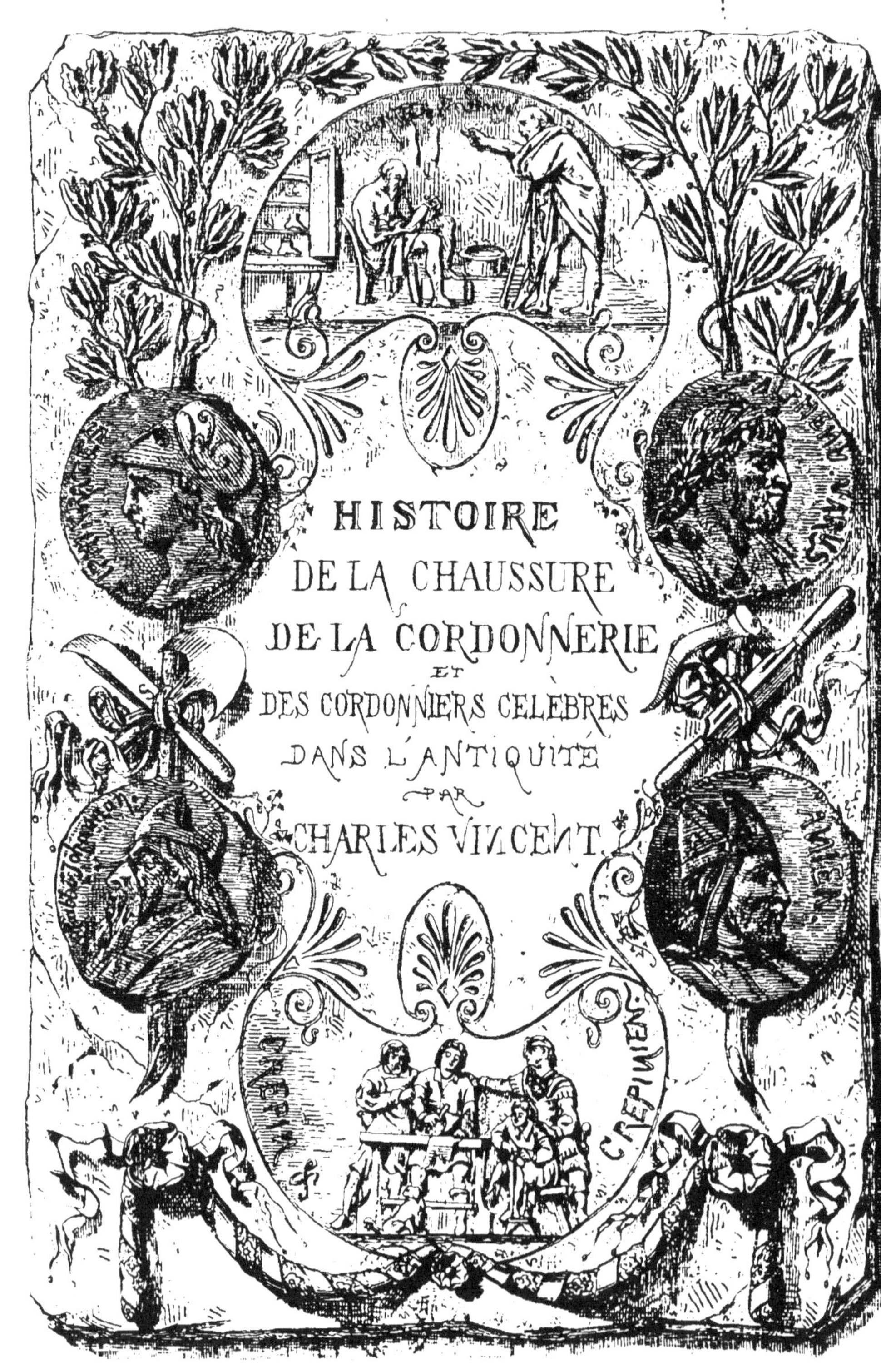

HISTOIRE
DE LA CHAUSSURE
DE LA CORDONNERIE
ET
DES CORDONNIERS CÉLÈBRES
DANS L'ANTIQUITÉ
PAR
CHARLES VINCENT

HISTOIRE
DE LA CHAUSSURE

DE LA CORDONNERIE

ET DES

CORDONNIERS CÉLÈBRES

DANS L'ANTIQUITÉ

PAR

CHARLES VINCENT

Introduction Philosophique par M. BUCHET DE CUBLIZE.

PARIS

CHARLIEU, ÉDITEUR.

CHEZ L'AUTEUR, RUE DE LA CHAUSSÉE-D'ANTIN, 24.

1859

ERRATA.

Page 55, ligne 21, au lieu de : *leur,* lisez : lui.

— 84, — 7, au lieu de : *représentent,* lisez : *représentant.*

— 146, — 16, au lieu de : *les rapides et les rapides,* lisez : *rapides et les arpides.*

— 169, — 24, au lieu de : *sandale,* lisez : *sandaliscos.*

PARIS. — Typ. V° LACOUR, rue Soufflot, 18.

INTRODUCTION PHILOSOPHIQUE

A M. CHARLES VINCENT.

MON CHER AMI,

Je ne puis que vous féliciter de votre projet
d'écrire une bonne histoire de la cordonnerie

Je vois, d'abord, dans ce triple sujet d'un art,
des classes d'hommes qui l'ont exercé, et de leurs
ouvrages, une partie importante de cette énorme
histoire du peuple, que les écrivains d'autrefois ont
beaucoup trop oubliée ou dédaignée, vraisemblablement parce qu'elle ne leur présentait que le côté
ordinaire, le plus large cependant, de la vie des
sociétés.

Il me semble, ensuite, que votre livre ne pourra manquer de confirmer plus ou moins cette vérité : que tout, dans les choses humaines, s'enchevêtre, se lie, se soutient; se compose de parties, de moments, d'actes dépendants les uns des autres; et qu'en particulier, l'histoire des métiers, si longtemps négligée, porte en elle-même un enseignement étendu, indiquant, à sa manière, l'état des sciences, des beaux-arts, des mœurs, du luxe, des richesses, de la condition civile et politique, etc., chez les différentes nations.

Le sujet, que vous avez choisi, vous appartenait de droit, à vous, mon cher ami, qui, à côté des chansons, que vous composez comme les oiseaux chantent leurs mélodies, élaborez avec amour dans votre esprit de sérieuses questions d'industrie, et rédigez, avec un sens si parfait, un organe spécialement consacré à la cordonnerie.

Mais en me demandant une préface pour mettre en tête de votre œuvre, vous avez trop présumé assurément, non de ma bonne volonté, mais de ma science.

On peut avoir étudié les langues, les littératures, les beaux-arts, les sciences positives, le droit, l'histoire, même beaucoup d'histoire, sans être, pour cela, en état de dresser, comme il conviendrait, cette sorte de porche par lequel on aimerait à introduire le lecteur dans votre livre.

C'est à Alexis Monteil, s'il était encore de ce

monde, qu'il faudrait demander votre propylæum (*). Oui, votre propylæum. Je me sers à des-
sein de ce mot pour marquer l'importance que je
reconnais à toutes les branches de cette vaste étude,
les arts et métiers.

— Quand je songe que, dans les créations de l'esprit et du travail, tout est solidaire ; que les sciences, les arts, les métiers se développent parallèle-
ment, d'ensemble et comme de front ; qu'une
découverte faite chez l'un amène presque toujours
un progrès chez l'autre ; que tel moyen n'a pu être
employé que postérieurement à telle invention ; que
le fer travaillé suppose la connaissance du feu ; les
outils, les machines, les armes de fer ou d'acier,
celle de la métallurgie ; le pain, celle de la culture
et de la mouture du blé ; les étoffes, celle du tissage
et de la teinture ; le cuir préparé, celle de l'alun et
du tannin ; les glaces, celle du verre ; la moufle, celle
de la poulie ; les lunettes, celle des lois de l'optique ;
les aérostats, celle de la pesanteur de l'air ; les machines à vapeur, celle des propriétés de l'eau réduite par la chaleur à l'état gazéiforme, etc., etc.,
qu'il y a entre toutes ces choses filiation, enchaîne-
ment, liaison ; que les plus diverses ont souvent
communauté d'origine, si l'on remonte assez haut
pour assister à leur naissance ; je trouve qu'il n'y a
guère qu'un livre, et un assez beau livre, qui pût
servir dignement de préparation à celui que vous

(*) Portique.

allez écrire, comme à tous ceux qu'on pourra faire sur des spécialités semblables.

Cette philosophie du travail est nécessaire à qui veut bien connaître l'édifice actuel de notre civilisation.

D'où vient tout ce progrès matériel qui fait l'étonnement de notre siècle, et qui en fera la gloire dans l'avenir ! Comment tous ces moyens dont l'industrie dispose se sont-ils accumulés ? N'est-ce pas un établissement bien digne d'être étudié que celui de nos arts, métiers et manufactures, puisqu'on en tire de telles merveilles ?

Ampère, un jour, disait à son auditoire au collége de France : Dans l'avenir on établira une communication entre Paris et Londres, par l'électricité, au moyen d'un fil de fer qui traversera l'Océan. — Pourquoi ne le fait-on pas dès à présent? osa dire quelqu'un. — Parce que, répliqua le professeur, ce sera possible seulement lorsque l'industrie sera assez avancée pour faire le câble conducteur. — La prophétie d'Ampère s'est réalisée avant que la génération à laquelle il parlait ne fût éteinte.

Eh bien, c'est en remontant le fleuve vers sa source, c'est en comptant les affluents qu'il reçoit dans son cours, c'est en explorant ces affluents eux-mêmes jusqu'au moindre ruisseau; c'est en poursuivant sa recherche jusqu'à l'étroite fissure d'où s'échappe le mince jet liquide, qui a produit le fleuve, que l'on peut apprécier la différence du point de départ au point d'arrivée. C'est alors, et seulement alors, qu'on peut juger, en parfaite connaissance, de l'héritage que nous ont légué les anciens; et en présence de ces ressources si durement, si laborieusement acquises, si lentement réunies, on rend justice aux aïeux, on les aime, on se sent encore plus animé du désir de les imiter ou même de les surpasser. Cette ambition, bien légitime, est le salut de l'avenir.

Puis, remarquons que Dieu a établi une liaison indissoluble entre le physique et le moral de l'homme.

Ces améliorations matérielles, l'histoire le dit assez, ont toujours été accompagnées (je parle des effets généraux) d'améliorations morales correspondantes. Non pas qu'à mon sens il faille ici conclure d'après l'expression *post hoc, propter hoc*(*); c'est-à-dire regarder le moral comme un pur effet du physique ; je serais plutôt porté à penser que l'esprit est le principe du corps, mais il est impossible de nier qu'ils agissent l'un sur l'autre, qu'ils peuvent se servir ou se nuire, et que, si le moral contribue au bien-être matériel, celui-ci fortifie et soutient singulièrement celui-là. Il y a longtemps que l'on a dit avec raison que l'aisance rend la moralité plus facile. 'Cette vérité se confirme,

(*) Ces mots latins signifient : c'est après cela, donc c'est à cause de cela.

d'une manière bien éclatante, par l'adoucissement progressif des mœurs, à mesure que les peuples ont moins à lutter contre les besoins de première nécessité. Les races sauvages sont d'autant plus cruelles, qu'elles sont plus dénuées de moyens de subsistance.

Le travail, dans la condition humaine, ne peut se concevoir autrement que comme un acte de l'esprit et du corps.

C'est à ce titre seulement, qu'il est fécond, puissant, civilisateur. L'esprit et le corps s'affaiblissent par l'oisiveté ; leur état normal, c'est l'exercice, qui a pour effet de les améliorer l'un et l'autre. Cet exercice, il faut le dire, a besoin, pour être efficace, d'un effort soutenu par lequel on achète les avantages qu'il procure. Cet effort est un mal lorsqu'il abrutit l'esprit ou qu'il excède les forces du corps; il devient un bien quand il s'associe au développement naturel et régulier de notre constitution physique et intellectuelle.

Le travail est donc tout à la fois un besoin, un effort et un moyen de perfection et de jouissance.

Assurément ce qu'il a de vertu bienfaisante n'avait pas été compris des sociétés antiques, où régnait cet infâme préjugé que le labeur était une chose honteuse, indigne de l'homme libre, et devant être réservée à l'esclave. C'est là qu'il faut voir la cause principale de la ruine du monde ancien. Il n'y a pas de décadence pour les peuples qui travaillent !

La science, l'art, l'industrie forment les grandes divisions du travail. Il existe entre ces divisions des rapports si intimes, qu'il serait souvent très difficile, pour ne pas dire impossible, de les délimiter d'une manière bien tranchée. Il n'est point de métier, à proprement parler, où il n'entre une certaine dose d'art et de science, point d'art où il n'entre de la science et du métier.

La science elle-même, la science pure, cette partie du domaine de l'esprit, que nous abstrayons soigneusement de tout le reste, parce qu'elle se compose de principes, c'est-à-dire de nos idées les plus étendues, les plus puissantes et les plus fécondes, ne peut s'acquérir, se développer ni se communiquer sans l'emploi des formes du langage, de moyens artistiques ou de procédés industriels, selon la nature des objets étudiés.

Ces trois modes généraux de l'exercice de l'esprit et du corps, science, art, industrie, ne constituent au fond qu'un même ordre, une seule harmonie, une unité. Aussi se trouvent-ils dans l'individu comme dans la société.

Chaque homme, dans quelque condition qu'il soit placé, est toujours et tout à la fois, avec des degrés de plus ou moins, savant, artiste et artisan : savant parce qu'il conçoit, artiste parce qu'il exprime, artisan parce qu'il exécute et pratique.

Ces trois qualités sont essentielles en nous ; ce n'est que parce que, dans la division nécessaire de nos actes, l'une d'elles prédomine fortement sur les deux autres et devient notre qualité principale, que nous nous l'attribuons ou qu'on nous l'attribue exclusivement.

Si quelqu'un vous demande ce qu'était Michel-Ange, vous répondrez peut-être : il était architecte, sculpteur, peintre, musicien et poète, ou bien vous résumerez ces cinq titres sous la dénomination d'artiste, qui peut en effet s'appliquer à tout cela. Mais est-ce à dire que Michel-Ange ne fût point savant ? Qui donc oserait contester la science de celui qui fit Saint-Pierre de Rome, la statue de Moïse et le Jugement dernier ? Qui donc aussi refuserait de voir en lui non-seulement un ouvrier, mais un ouvrier de la race des Titans ?

A côté de cette gigantesque figure de Buonarotti, je ne crains pas de placer le simple ouvrier de la manufacture ou de l'atelier. Il a, lui aussi, son art et sa science dont il se sert, à moins que sa fonction ne soit réduite à l'état de pure machine. Ce qu'il fait, vous le savez, ce sont toutes ces utiles et belles choses, dont nous ne pourrions nous passer, qui nous vêtissent et nous parent, qui ornent nos demeures, embellissent nos cités, accroissent les commodités de notre existence et nos moyens de dompter la nature.

S'il a du génie, il s'appellera Brunelleschi, maître

de Michel-Ange, Benvenuto Cellini, Guttemberg, Bernard Palissy, Fulton, Jacquart, Bréguet, Daguerre, etc., etc.

Sans nom, car la renommée est loin d'être toujours le lot de celui qui l'a méritée, il se présente cependant à nos regards , dans le panorama de l'histoire, sous l'aspect de la plus imposante majesté.

C'est lui, ce grand inconnu, qui, en Asie, construisit Babylone, Ninive et ces formidables monuments de Balbek, dont les restes, encore debout, ont tant étonné Lamartine; c'est lui qui, en Egypte, éleva les pyramides, creusa les lacs et les canaux, dressa les obélisques et sculpta les Sphinx; c'est lui qui, dans le monde romain, fit les voies, les aqueducs, les ponts, les égouts, les amphithéâtres; c'est lui qui, durant le moyen âge, bâtit les vaisseaux et les flèches gothiques; c'est lui, enfin, qui, de siècle en siècle, a sans cesse peuplé et enrichi le monde de ses immenses ouvrages et de ses innombrables chefs-d'œuvre dans les arts industriels de tous les genres, et qui, aidé par le savant et par l'artiste, a préparé les merveilles de ces grandes Expositions auxquelles, de notre temps, sont conviés tous les peuples de la terre.

Le travail est le roi du monde. C'est la même chose que si je disais : l'esprit est la première puissance de l'homme.

Mais naître ignorant, être soumis, par conséquent, à la nécessité de s'instruire, est une loi de notre destinée, et cette loi, sur laquelle se fonde le progrès, nous impose à chacun le travail pour apprendre à bien travailler. Cette belle expression, *s'instruire*, n'a pas au fond d'autre sens, si on l'entend exclusivement de l'intelligence et qu'on ne l'étende point à la culture morale ou à ce qu'on appelle proprement l'éducation.

Il suit de là que l'instruction, ainsi comprise, pour l'individu, et à plus forte raison pour la société, doit être faite au triple point de vue de la science, de l'art et de l'industrie. Un peuple n'est complet que s'il réunit, en nombre et en qualité suffisants, des savants, des artistes et des industriels ou artisans, et si tous concourent à la culture et à l'activité générales.

La science, l'art, l'industrie se servent réciproquement, et les progrès de l'un profitent toujours, de près ou de loin, aux deux autres. Les faits, qui le prouvent, surabondent dans l'histoire.

Au dix-neuvième siècle, la science semble avoir poussé l'industrie dans la voie du miracle; mais que de choses aussi la science n'a trouvées que parce que l'industrie lui en avait fourni les moyens matériels?

Voyez aussi quelle influence la culture artistique exerce sur la main-d'œuvre; combien, par exemple, à Paris, le haut degré de perfection atteint par les

beaux-arts a contribué à former, à développer le
bon goût des ouvriers de cette ville, et à leur assurer, sous ce rapport, une supériorité immense sur
ceux des autres pays.

Il en fut de même au quinzième siècle en Italie,
et plus anciennement, en Grèce, dans tous les lieux
où l'art brilla d'un certain éclat. Les modes athé-
niennes furent suivies, surtout quand les Polyclète,
les Phidias, les Praxitèle eurent exécuté leurs sublimes chefs-d'œuvre, et que toute une génération
eut réglé et perfectionné son goût sur celui de ces
grands artistes.

La mode et le bon goût dans l'industrie du vêtement n'attendent cependant pas, à l'ordinaire, que
l'exemple ait été donné par des sculpteurs ou des
peintres. Le premier artiste, le véritable initiateur
du beau dans le costume, c'est la femme qui en a le
sentiment inné, qui en vit, en quelque sorte, et qui,
en ce genre, a plus inventé que personne. Dans la
tribu sauvage ou nomade comme dans la cité, elle
a l'instinct et la science de la parure, de son charme
divin et de son irrésistible toute-puissance. La
grâce, l'élégance, le goût exquis dans le vêtement
lui sont naturels.

Le costume, puisqu'enfin c'est d'une partie du
costume que vous vous proposez d'être l'historien,
mon cher ami, est aussi un art, tout aussi bien que
la sculpture, la peinture, l'architecture ou la musique. Il est comme l'architecture un accompagne-

ment ou un langage ; il a les formes de la sculpture,
les lignes et les couleurs de la peinture ; mais il est
plus vivant, plus humain, plus mobile.

Pour vous assurer de la puissance de cet art, je-
tez vos regards sur les grands du monde, sur tout
ce qui a exercé la domination dans les sociétés humaines : souverain, prêtres, magistrats, militaires,
les personnages officiels de toutes les époques se
sont grandis par le costume, qui symbolisait leurs
fonctions. Voyez ce qu'en France il prête d'air martial au paysan soldat, d'aisance au bourgeois, de
dignité à l'homme libre. Sous la pauvreté et la misère, il s'enlaidit, s'attriste, devient morne, honteux, inhumain et cruel.

Cet art est enseigné par la nature elle-même,
qui nous le montre si joyeux, si expressif sur les
ailes des papillons de la plaine et des oiseaux de la
forêt, si adorable dans la parure du printemps, si
profond, si doucement sévère dans les mélancoli-
ques attitudes de l'automne.

Véritable protée, le costume répond, dans sa variété, au temps, au lieu, au climat, à la nationalité,
aux mœurs, au dogme religieux, au sexe, à l'âge,
au caractère, à la profession, etc., etc.

C'est de tous les arts le plus usuel, excepté celui
de la parole. Pourquoi donc n'est-il pas compris
dans la nomenclature ordinaire des beaux-arts ?

Héritiers de l'antiquité, nous en avons reçu, avec
des trésors de connaissances, des formules et des

classifications, bonnes généralement pour le temps
où elles furent faites, presque toujours inexactes et
imparfaites pour le nôtre.

Quant à la division des arts, dans le sens le plus
étendu, elle ne peut être irréprochable qu'à la
condition d'embrasser la synthèse du travail.

Les Grecs, même, dont la supériorité philosophique brille si hautement dans leur langue, échouè-
rent devant cette difficulté. Ils appelèrent *arts
libéraux* (ἐλεύθεραι διατριβαί), c'est-à-dire propres à
l'homme libre, certaines branches du travail auxquelles les personnes de condition libre avaient
coutume de se livrer de préférence, telles que l'architecture, la sculpture, la peinture et la musique;
et ils nommèrent *arts manuels* (χειροτεχνίαι) ou
arts mécaniques (μηχανικαὶ τέχναι) , d'autres branches du travail, qu'ils opposèrent aux premières,
comme exigeant surtout l'exercice manuel de
l'homme ou l'emploi d'outils et de machines. Les
Romains disaient de même *artes ingenuœ, artes
liberales,* arts de condition libre, et *artes mecha-
nicœ,* arts à machines, à outils, ou simplement et
plus énergiquement *manus*, travail de main ,
métier.

On tenterait vainement de rapporter à une théo-
rie sérieuse sur l'ensemble de l'art, cette division
qui, sous l'empire de l'habitude, s'est conservée
jusqu'à nous, et par l'effet de laquelle se maintient encore dans notre idiome l'expression d'*arts*

libéraux, comme si nous étions un pays à esclaves.

En outre, le nombre des arts libéraux fixé à quatre : l'architecture, la sculpture, la peinture et la musique, était purement arbitraire ; car les hommes libres exerçaient aussi l'éloquence, et il n'était pas rare que des esclaves cultivassent la musique.

Ce nombre provenait d'une vieille tradition.

A une époque fort reculée où la servitude était encore inconnue en Grèce, comme au temps des Pélasges, l'architecture, la sculpture, la peinture et la musique étaient qualifiées d'*arts divins*, parce qu'elles servaient à représenter ou à honorer les dieux. Elles s'élevèrent, durant cette période, à un très haut degré d'importance.

Lorsque les hommes de guerre eurent accompli ce monstrueux changement, qui introduisit l'esclavage et força les hommes à s'enorgueillir d'un bien, dont la jouissance est aussi naturelle que celle de l'air qu'ils respirent, la nouvelle société singea l'ancienne comme chez nous la bourgeoisie a singé la noblesse, les arts divins devinrent arts libéraux, sans même qu'on songeât à comprendre parmi ces derniers l'art libéral par excellence. celui de la parole.

Dans la suite, les arts libéraux reçurent, à leur tour, le titre de *beaux*, soit parce qu'on y vit les plus beaux travaux de la paix, soit parce qu'ils furent considérés comme ayant le beau pour objet.

Les modernes ont routinièrement accepté la tradition, et l'on énumère aujourd'hui les beaux-arts comme on faisait du temps de Périclès.

Le costume rentre dans la classe des arts utiles par sa confection, prise en dehors de tout ce qui en fait l'esprit, la pensée, la forme expressive. Sa première origine est le besoin de se vêtir ; ses perfectionnements se lient au plaisir naturel que cause la parure, au goût du bien-être qui naît avec la civilisation, à des motifs de décence ou de propreté qui donnent l'idée d'un vêtement digne et commode, au développement de la richesse et du luxe qui viennent y ajouter des ornements de prix. Partout son histoire se résume en ces cinq termes : nécessité, commodité, luxe, mode, convenance du climat.

La condition de l'ouvrier dans les temps antiques, son genre de vie, sa manière de se nourrir, de se vêtir, de se loger, de travailler, de s'instruire, de se récréer, peuvent être aujourd'hui mieux connus et appréciés qu'on ne l'a cru pendant longtemps. L'archéologie nous a rendu presque familières des connaissances dont la recherche eût fait notre désespoir deux ou trois siècles plus tôt.

Ce qui frappe surtout, à l'inspection du monde ancien, c'est l'ordre hiérarchique qui régit les personnes et les choses, ce classement rigoureux du peuple, ces divisions en castes, que l'on rencontre partout, en Egypte, en Afrique, en Médie, en Perse, dans l'Inde, en Grèce, à Rome, et que l'on retrouve encore de nos jours si marqués dans l'empire chinois.

Si l'on étudie avec soin ce grand fait on découvre qu'en ces âges, que notre ignorance nous fait considérer comme primitifs, il n'y avait ni anarchie, ni confusion, ni simple multitude comme dans notre société actuelle, mais que tout se réglait d'après le dogme, qui prescrivait aux hommes l'imitation de l'harmonie établie dans l'univers par l'Être-Suprême.

L'empire, dans son entier comme dans ses parties, devait figurer cette harmonie. Les villes se construisaient symboliquement et se gouvernaient de même ; chacune d'elles devait être orientée avec les points cardinaux du monde, pour que les temples et les différents ordres de travaux à y placer, fussent eux-mêmes symboliques des lois principales de l'univers et en rapport avec elles. Les professions diverses étaient distribuées par quartiers, de manière à ne pas se nuire, mais plutôt à s'entr'aider. Les ateliers à gros ouvrages étaient réunis dans une même circonscription, pour que les travailleurs fussent animés par le bruit des marteaux frappant en cadence au lieu d'être fatigués par la solitude ou par le voisinage de travaux calmes et sans harmonie avec les leurs. Les établissements où s'exécutaient des ouvrages plus délicats se classaient d'une manière analogue,

suivant leur genre ; et il n'était permis à personne
de transporter sa fabrique ou son officine ailleurs
que là où elle avait été une première fois fixée. La
femme et les enfants de l'ouvrier ne devaient
pas vivre parmi des groupes de travailleurs, ni
au milieu de la fumée, du feu, de l'inévitable mal-
propreté de certains travaux. Tout était ordonné
pour favoriser le travail, faciliter les achats et
les ventes, assainir les habitations, maintenir
le bon accord entre les citoyens et embellir la
cité.

Thèbes, Memphis, Saïs, Héliopolis et les autres
villes égyptiennes de la belle époque pharaonique ;
Athènes, Argos, Mycènes, Sicyone, Sparte, et toutes
les plus anciennes villes de la Grèce furent soumi-
ses à ce régime symbolique, dont la connaissance
jette une si large lumière sur ces vénérables aïeules
de notre civilisation.

Après cela, on peut se figurer sans trop de peine
ces bourgs, ces quartiers, ces rues, ces carrefours, où
les familles de même profession se tenaient, comme
il est arrivé chez nous tant que les corporations ont
existé ; et s'il s'agit des ouvriers en chaussure, on
n'est plus étonné à la lecture de tel ou tel passage,
qui les confine en un coin d'Athènes ou de Rome,
qui fait mention d'Hermès ou d'Apollon Sandaliaire
comme d'une divinité plus chère autrefois peut-être
auxcordonniers des temps païens, que jamais ne le
fut depuis saint Crépin aux maîtres et compagnons

du moyen âge. On voit, dans sa pensée, réunis ou à peu de distance les uns des autres, les faiseurs de chaussures de tous genres, *Calcearii*, *Crepidarii*, *Caligarii*, *Solearii*, *Sandaliarii*, etc., etc., peut-être tous compris sous la dénomination générique de *sutores*; et l'on comprend mieux ce que pouvait être l'excommunication des tanneurs et corroyeurs, qu'on forçait à se tenir hors des villes comme impurs, parce qu'ils maniaient des cadavres.

La sculpture et la peinture des monuments de la plus haute antiquité reproduisent un certain nombre de scènes de la vie ordinaire. Il en est qui représentent soit des cordonniers à l'ouvrage, soit des instruments du métier, soit des chaussures de diverses sortes.

Dans le grand Atlas Iconographique des monuments de l'Égypte et de la Nubie, par Champollion le jeune, et dans l'ouvrage du même genre par Rosellini, on remarque un curieux dessin, copié d'une peinture découverte sur les murs de Thèbes, et dont le sujet n'est autre qu'un intérieur d'atelier et de boutique de cordonnier, autant qu'il est possible d'appliquer le mot *intérieur* à un dessin qui est sans perspective.

La scène de travail à laquelle cette œuvre d'art nous fait assister, remonte, par l'ancienneté seule de la peinture, à l'époque de Touthmosis III, qui occupait le trône d'Égypte environ quinze cents ans avant notre ère, et le même sous lequel eut lieu l'Exode ou départ des Hébreux. Mais, en pensant à l'extrême lenteur des découvertes et à l'étonnante permanence des mêmes procédés industriels chez les Egyptiens, à cette immobilité, qui semble avoir fait inventer à ce peuple une mesure de temps des plus caractéristiques, l'année sothique ou grande année caniculaire, de la durée de 1460 années ordinaires, il est permis de croire que cette peinture thébaïque nous reporte directement ou indirectement à des temps perdus dans la mémoire des hommes, et nous met en présence d'ouvriers qui appartinrent à des générations reculées peut-être de vingt ou trente siècles dans le monde anté-historique.

Quatre hommes, ayant pour tout vêtement un *lumbare*, espèce de cotte étroite qui descend de la ceinture à mi-cuisses ou aux genoux, travaillent à la chaussure la plus habituelle des Egyptiens, aux sandales qu'on fabriquait alors tantôt en cuir, tantôt en papyrus, tantôt en feuilles de palmier. Ces sandales, d'un modèle assez voisin de celui de nos semelles, portent la plupart, en avant du talon et vis-à-vis le coude-pied, à droite et à gauche, deux oreillons troués par le milieu, articulés parfois, et destinés dans tous les cas à recevoir les attaches qui assujettissaient au pied la chaussure.

Un de ces ouvriers, debout, étire sur un palisson

une peau déjà préparée. Les trois autres travaillent assis.

Les siéges, tabouret, trépied, bloc de bois ou de pierre, sont simples et d'une ressemblance frappante avec ceux que, de nos jours, on voit encore dans certains ateliers.

Chacun des trois ouvriers assis exécute une opération différente dans la confection de la sandale, ce qui prouve que les Egyptiens connaissaient et pratiquaient la division du travail.

Le premier troue un oreillon, et le deuxième tire avec les dents une attache passée à travers la sandale ; le troisième, qui a devant lui un banc incliné sur lequel il coupe habituellement son cuir à l'aide d'un couteau circulaire, tient de la main gauche une sandale qu'il perce d'un poinçon à l'endroit où doit passer l'attache entre le premier et le second orteil. A côté de lui sont deux pièces de cuir ; au-dessus deux sandales garnies de leurs attaches et vues de profil. On remarque, en outre, auprès de chacun d'eux des outils divers, parmi lesquels on semble reconnaître, à sa courbe particulière, l'alène dont on s'est toujours servi depuis, et dont quelques-uns sont évidemment destinés à percer, couper ou dérayer les peaux. Le haut du tableau présente, une pièce de cuir et une série horizontale de sandales, exposées ou suspendues, sans doute pour être vues des chalands ; car à toutes les époques les boutiques ouvertes ont été

un des traits principaux de la physionomie intérieure des villes de l'Orient.

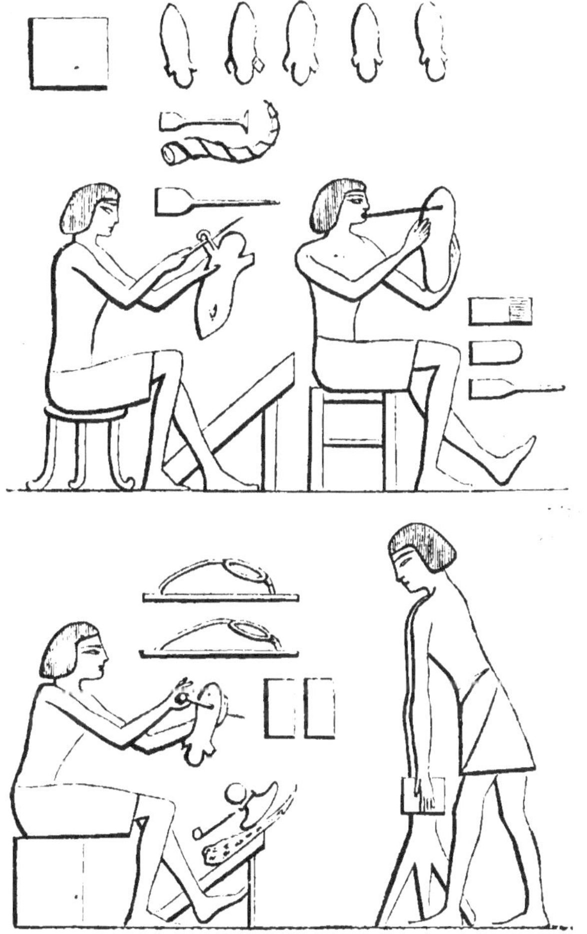

Vous avez aussi, d'ailleurs, mon cher ami,
en vous occupant de vos recherches, rencontré
sans doute la même disposition dans les boutiques

de cordonniers, dans les comptoirs aux halles, dans tous les lieux à étalage de pareilles marchandises. Des dessins, des miniatures de manuscrits, des gravures, nous ont conservé depuis cinq ou six cents ans des intérieurs de boutiques françaises, et l'on y voit toujours des chaussures en montre, soit suspendues, soit accrochées, soit autrement. La chose est la plus naturelle du monde, et cependant quel temps n'a-t-il pas fallu pour qu'on en arrivât de l'exposition toute naïve et simple de la sandale thébaine à la montre vitrée parisienne, si coquettement chargée de ses fines et spirituelles chaussures.

La position assise, pour travailler, n'est pas moins primitive. Il existe seulement cette différence entre les ouvriers cordonniers représentés sur les murs de Thèbes et ceux des dessins, gravures ou miniatures dont je viens de parler, que les premiers tiennent leur ouvrage à la main sans l'appuyer sur leurs genoux, tandis que les autres se servent tous de ces dernières parties du corps comme d'un étau pour faciliter le travail de la couture.

La nudité presque complète des ouvriers égyptiens n'a rien qui doive étonner ; la température du climat et la rareté relative des vêtements parmi les classes pauvres dans l'antiquité l'expliqueraient suffisamment, si l'on n'avait pas aujourd'hui un exemple tout à fait concluant, dans les moûchys de l'Inde, qui sont aussi tout à la fois cordonniers et

tanneurs, et qui vont souvent à peu près nus ou couverts seulement d'une bande d'étoffe sur le ventre
et les hanches. Ces moûchys salent la peau d'un
animal le matin et l'exposent ensuite au soleil
pour la faire sécher ; à trois heures de l'après-
midi, c'est du cuir, dont ils font sur-le-champ
des souliers. Ils travaillent assis ; n'emploient
que rarement le coton ou le fil pour la couture,
mais se servent plutôt de filets de cuir coupé
très mince, avec quoi ils parviennent à confectionner des chaussures d'une certaine apparence,
mais jamais d'un très bon usage. Ils sont mal-
propres, se nourrissent mal et sont réputés parias.
L'Inde est à notre époque le plus beau champ
d'étude qui existe, pour celui qui aurait la passion
de l'éthologie ancienne, c'est-à dire l'envie de pénétrer aussi loin que possible dans la connaissance
des mœurs et coutumes de l'antiquité.

On ne saurait décrire la boutique des ouvriers
contemporains de Touthmosis. L'artiste qui les
a représentés ignorait, comme tous ceux de son
temps, la perspective, et il s'est contenté de
tracer une ligne horizontale pour figurer le sol,
sans autre indication de nature à donner une idée
du local dans lequel ces ouvriers travaillaient. Mais
tout porte à croire que les villes égyptiennes devaient,
sauf certaines nuances d'architecture, ressem-
bler sous ce rapport aux villes grecques et italien-
nes, dont nous avons un admirable spécimen dans

Pompeï. Ici les fouilles ont révélé que toutes les rues étaient bordées de boutiques, qui étaient, en général, pavées de mosaïques et décorées avec beaucoup de soin. Certains propriétaires en possédaient des quantités incroyables, témoin cet écriteau où Julia Félix, fille de Spurnius, offre à bail, pour six ans, un vaste édifice contenant un bain, un vénéréum et neuf cents boutiques avec leurs dépendances.

Ce qu'on appelait *sutrine* ou *officine de chaussure (sutrina seu officina calcearia)* était souvent à la fois un lieu de travail et de commerce. Les cordonniers n'avaient pas toujours, comme d'autres états, des ateliers ou *ergastérions* séparés, fermés au public, et où les ouvriers travaillaient sous la direction d'un *ergastériarque* ou chef d'atelier. Il devait en être de même chez les familles de cordonniers égyptiens, où l'hérédité de la profession laissait peu d'accès aux ouvriers étrangers, en contribuant à grouper les enfants autour du père et à former de tous les membres de la famille un *ergastérion* dont le personnel restait à peu près toujours le même. Cependant il est certain que les travailleurs libres et pauvres, qui ne tenaient pas de *sutrine* pour leur propre compte, se louaient à temps et entraient chez les maîtres qui pouvaient les occuper. Il y en avait qui recevaient tous les jours l'*hémérésion*, c'est-à-dire le prix de leur journée.

La vente de la chaussure n'avait pas lieu seulement en boutique ; elle s'effectuait aussi sur les marchés et les places publiques, ou dans des bazars établis tout exprès, au commun avantage des producteurs et des consommateurs.

A Rome, il y avait un grand marché où l'on vendait spécialement de la chaussure, le *sandaliarium*, que je pourrais comparer jusqu'à un certain point à cette étrange place de commerce qui, sous le nom de *temple*, présente, au sein de Paris, un mouvement de trafic tout à fait à part en achat et vente de marchandises neuves et vieilles. Le *sandaliarium* était aussi un lieu où le pauvre peuple allait acheter des souliers neufs ou vieux; car les *sutriballi*, ou savetiers, y avaient leur *carré*, je veux dire leur place particulière. A Athènes, ville moins populeuse, on trouve aussi des marchés spéciaux du même genre ; au nombre des *agoras*, dont la dénomination particulière nous a été conservée, on rencontre la *siropole* ou marché aux vieux habits.

Les femmes, dans les temps modernes, ne participent aux travaux de la cordonnerie qu'accessoirement et pour des ouvrages moins pénibles que celui qui constitue en principal la confection des chaussures en cuir, même les plus délicates. Ce sont les travaux à l'aiguille qui leur incombent; mais rien de plus. En était-il de même pour les femmes de l'antiquité ? Je ne pose pas la question pour le moyen âge ; car elle est résolue, en partie, par l'état actuel de nos mœurs, qui tiennent beaucoup plus de la tradition qu'on ne le pense ordinairement, et, d'une manière péremptoire, par l'absence complète des femmes dans tout ce qui rappelle l'exercice immédiat de cette profession. Ainsi nul dessin, nulle gravure ne nous montre une femme occupée à faire une botte ou un soulier; bien plus, dessins et gravures nous montrent souvent la femme du cordonnier se livrant, dans la boutique, aux soins qui la concernent, et qui, jamais, ne s'étendent jusqu'à se servir de l'alène ni des autres outils du métier. Dans les statuts des corporations, la femme n'apparaît que comme veuve de maître : elle jouit, à ce titre, du privilége de tenir boutique pendant son veuvage, mais alors elle emploie des compagnons.

Chez les anciens Grecs, la femme libre vivait renfermée dans son gynécée, c'est-à-dire dans un appartement séparé, où nul homme ne pouvait pénétrer, si ce n'est son mari ou un gardien domestique. Là, historiens et poëtes la représentent occupée, au milieu de ses servantes, à filer, à tisser ou à coudre. Les plus grandes dames, les femmes, les filles de roi, faisaient elles-mêmes des étoffes de lin ou de laine pour leur usage et pour celui de leur famille. Ce régime féminin est commun, sauf la claustration, à presque toutes les sociétés antiques. Pénélope, Nausicaa dans l'Odyssée, Lia et Rachel dans la Bible, Lucrèce dans la légende latine, Berthe dans les biographies de Pépin et de Charlemagne, n'offrent que la répétition du même tableau pour les occupations de chaque jour. On connut dans les gynécées l'art de mêler l'or et l'argent à la pourpre, quand cette innovation du fastueux roi de Pergame, Attale, eût été introduite d'Asie en Europe. On y faisait de la broderie et généralement tous les ouvrages destinés à la parure. Remarquons, en passant, qu'en Egypte les femmes du peuple jouaient le rôle de marchandes publiques et allaient vendre au dehors les produits fabriqués à l'intérieur par leurs maris.

En considérant la variété des chaussures grecques et romaines, et le genre de travail exigé pour leur confection, il est difficile d'admettre que toutes aient été à peu près exclusivement, comme chez nous, des ouvrages d'hommes. Ce n'est pas qu'il faille voir, dans la délicatesse, la minutie et l'élégance d'un travail, des motifs de l'attribuer nécessairement à des femmes; on sait combien l'espèce masculine a donné de preuves d'habileté et de bon goût dans l'orfévrerie, la bijouterie, les tissus de soie et la fabrication de la chaussure elle-même: mais l'habitude où furent pendant longtemps les dames grecques et romaines de travailler aux divers objets de leur toilette, et la facilité qu'elles avaient de confectionner, sans quitter les travaux d'aiguille, plusieurs sortes de sandales légères, suffirait pour rendre très plausible l'opinion que

les cordonniers n'étaient pas seuls en possession
de faire la chaussure, si, d'ailleurs, la langue latine
et la langue grecque n'avaient pas des dénominations, qui prouvent que cette industrie était aussi
exercée par des artisanes.

Il y avait à Rome des *sutrices* (ouvrières en
chaussure), de même que des *vestificæ* (ouvrières
en vêtement), qui travaillaient, les unes et les autres, à façon (*manupretio*). A Athènes, à Corinthe,
à Thèbes, l'ouvrière en sandale prenait le nom
de *crépidopée* ou *crépidurge* (faiseuse de *crépides*).
Le mot générique *hypodématorrhaphos*, par lequel
les Grecs désignaient un cordonnier, est lui-même
des deux genres, et ici le féminin ne signifie
pas, comme dans notre langue, une femme de
cordonnier, mais une femme qui fait de la
chaussure.

Le commun exercice de cette profession par des
individus des deux sexes paraît moins extraordi-
naire, lorsqu'on remarque qu'il en était de même
pour d'autres états, que nos mœurs ou nos lois elles-
mêmes rangent aujourd'hui au nombre des priviléges masculins. Ainsi, par exemple, on voyait dans
certains ateliers de vigoureuses ouvrières (*sphy-
rocopes*), supporter vaillamment les rudes fa-
tigues du travail au marteau ; et, d'autre part, la
médecine était cultivée et pratiquée par des femmes
(*iatrines*), qui ne s'adonnaient pas seulement à l'obs-
tétrique, mais qui marchaient en concurrence avec

les médecins dans toutes les branches de la science et de l'art d'Esculape. La civilisation moderne leur refuserait impitoyablement le diplôme de docteur et le fauteuil académique; je ne prétends nullement qu'elle fût dans son tort en agissant ainsi.

Je reviens, mon cher ami, à mon sujet, qui est aussi le vôtre, et dans lequel je ne puis m'enfoncer trop avant sans empiéter sur votre terrain. Votre tâche est énorme, et vous la remplirez en justifiant de la manière la plus complète, pour ne pas dire la plus inattendue, l'opinion de Camper, qui, au siècle dernier, disait à ses élèves, que les sujets en apparence les moins importants pouvaient toujours devenir du plus grand intérêt, pourvu qu'ils fussent traités par des hommes doués de l'esprit d'observation et suffisamment préparés, *fût-il question même de souliers et de pantoufles.* Le professeur de Leyde avait grandement raison, et il le fit voir, par un essai remarquable, où il manifeste son étonnement de ce qu'à tous les âges, des hommes d'intelligence ont reporté leur attention et leurs soins sur les pieds des chevaux, des mulets, des bœufs et d'autres animaux, tandis qu'ils abandonnaient ceux de leur propre espèce à l'ignorance, à la routine et aux caprices de la mode, trop souvent dangereux ou ridicules. « Xénophon, cet illustre général, ne dédaigna pas, dit-il, de transmettre à la postérité de judicieuses instructions pour préserver les pieds des chevaux. A tous égards nos pieds n'ont pas moins de droit à l'attention que ceux de ce noble animal, et c'est le cas de dire : Charité bien ordonnée commence par l'espèce humaine. » Mais il me semble que Camper, malgré sa haute intelligence, avait encore plus raison qu'il ne pensait.

Vous avez, en effet, mon cher ami, en écrivant l'histoire du soulier, à considérer le pays, le siècle, la manière, la forme, l'usage, les mœurs, les préjugés, les degrés de civilisation, etc., etc., c'est-à-dire que vous êtes en présence d'une sorte d'histoire universelle, dont l'étendue et la difficulté peuvent effrayer non sans raison, mais que, cependant, de nombreux et très-variés documents permettent de faire imposante et digne de lecteurs sérieux. La chaussure moderne y prendra naturellement une très-large place, que vous remplirez de la manière la plus intéressante ; ce qui ne vous empêchera pas de fournir de riches pages sur celle du moyen-âge et de l'antiquité. Je vois déjà défiler dans votre livre, et dans le plus bel ordre, les nombreuses familles des *souliers*, *caliges*, *crépides*, *cothurnes*, *socques*, *persiques*, *pédiles*, etc., etc., depuis la simple semelle d'écorce liée au pied avec de l'herbe jusqu'au *calceus* orné d'or, d'ivoire et d'ambre (*chryséléphantinélectre*) ou rehaussé de pierreries ; depuis la sandale de papyrus tressé jusqu'au *phœcasium*, dont on chaussait les dieux ; depuis les *endromides* portées par Diane jusqu'aux souliers de fer d'Empédocle et au pardessus de caoutchouc; depuis les talonnières de Mercure jusqu'aux sabots des Béotiens et de tant d'autres peuples; depuis les *baucides* d'Aspasie jusqu'aux souliers de soie de madame Récamier; depuis les chaussons de genêts des *sparteoli* '(gardiens de nuit) d'Auguste jusqu'aux poulaines et patins des temps féodaux; depuis le *mulleus* pourpré des antiques rois d'Albe jusqu'à la botte à revers d'un général de la République française; depuis la *solea* de Poppée jusqu'à l'espadrille d'une bergère espagnole; depuis la babouche d'une Siamoise jusqu'à la *pianella* d'une Italienne; depuis les souliers de paille des Japonnais, les souliers d'écorce des Russes, jusqu'à nos souliers de cuir verni; depuis les *tzangæ* des empereurs byzantins jusqu'aux souliers déchiquetés du XVI° siècle; depuis les bottines velues et barbares des Huns jusqu'aux échantillons divers qui viennent de figurer si honorablement à l'exposition universelle de Paris. Et je ne doute pas un instant que sur un tel sujet vous ne fassiez un des livres les plus caractéristiques de ce temps, et des plus propres à faire ressortir de plus en plus l'immense et mystérieuse fécondité de l'histoire du peuple.

BUCHET DE CUBLIZE.

Paris, le 15 décembre 1855.

AVANT-PROPOS

—

Préjugés. — D'où viennent les noms de *Brave* et de *Pontife.*— Georges Fox. — Réponse d'un cordonnier gaulois à Caligula. — Le savetier et MM. les Vaudevillistes. — Bon sens des cordonniers.

S'il est une profession envers laquelle l'opinion générale fasse depuis longtemps preuve d'injustice, c'est sans contredit la profession de cordonnier.

On a accumulé sur ce métier les ridicules et les dédains. Pendant que d'autres artisans étaient récompensés souvent au-delà de leur peine et de leur talent, qu'on leur décernait des couronnes industrielles, qu'on les décorait du titre pompeux d'artistes, le malheureux cordonnier, pour prix d'un labeur toujours pénible, d'une intelligence et d'une science quelquefois doubles des leurs, ne recueillait que des sarcasmes sans nombre.

3

Cette injustice envers les cordonniers est d'ailleurs encore si marquée aujourd'hui, que les surnoms dont ils furent dotés dans d'honorables occasions leur sont journellement jetés à la face comme des sobriquets ridicules. Celui de *brave* est le plus connu. Voyons un peu d'où il leur vient.

C'était à l'époque de la Ligue. Henri de Navarre, depuis Henri IV, assiégeait Paris. Tous les habitants de Montargis venaient de passer en masse aux Guise, à l'exception des cordonniers, qui, justement indignés des massacres récents de la Saint-Barthélemy, refusèrent formellement de faire partie de la *Sainte-Union*. Henri de Navarre, en apprenant ce refus, dit : *Allons, les cordonniers sont des braves!* Combien de titres de noblesse n'ont pas une aussi digne origine!

Le mot *pontife* a aussi bien des fois égayé ceux qui font leur joie de railler ces artisans. Les cordonniers français croient généralement que ce surnom leur fut donné parce que le pape Urbain IV était, comme l'évêque Jacques Amyot, le fils d'un cordonnier. C'est une erreur. Ce surnom leur vient d'une source plus directe.

Dans un petit village du Leicestershire, en Angleterre, à Drayton, naquit, le 7 janvier 1624, dans la cave d'un pauvre tisserand, un enfant qui devait faire grand bruit dans le monde par sa foi ardente, son courage, ses souffrances et les ridicules de toutes sortes que devait lui infliger notre société, implacable pour tout ce qui ne suit pas la route commune. Il en a été ainsi de tout temps. Et n'est-ce pas comme un exemple à la fois terrible et sublime

que tu nous donnas, Dieu puissant ! quand tu permis
que le Christ mourût au milieu des huées générales :

> Au gibet le juge l'entraîne,
> Chacun insulte à ses douleurs,
> Et l'honneur de la race humaine
> Va mourir entre deux voleurs !

Ah ! oui, seuls sont véritablement grands les hommes
qu'a vue de ce Calvaire affermit au lieu d'abattre, et
GEORGES FOX, le fils du pauvre tisserand, était de ceux-là. Il
apprit l'état de cordonnier à Nottingham. Les heures que son
travail lui laissait libres, il les consacrait à lire et à commen-
ter la Bible. Son esprit réfléchi et résolu souffrait beaucoup des troubles religieux qui désolaient la Grande-Bre-
tagne. Il eut ou crut avoir des visions et entendre des voix
célestes lui parler ; voilà pourquoi un jour Georges Fox
abandonna son tablier et son tirepied pour prêcher de
ville en ville les réformes religieuses que, dans son esprit, il croyait être les ordres d'en Haut. Il rejetait tout
culte extérieur et voulait ramener la religion à la simplicité de la prière intime. « Il n'avait que dix-neuf ans,
dit Delandine, lorsqu'il se crut tout d'un coup inspiré de
Dieu et se mit à prêcher... Vêtu de cuir des pieds jusqu'à
la tête, il alla de village en village... C'était un jeune
homme d'une mémoire heureuse, d'une imagination ardente de mœurs irréprochables et *saintement fou*. » L'abbé
Pluquet expose sa doctrine en ces termes: « JÉSUS-CHRIST,

disait Fox, a aboli la religion judaïque. Au culte extérieur et cérémonial des Juifs, il a substitué un culte spirituel et intérieur. Aux sacrifices des taureaux et des
boucs, il a substitué le sacrifice des passions et la pratique des vertus. C'est par la pénitence, par la charité, par
la justice, par la bienfaisance, par la mortification, que
Jésus-Christ nous a appris à honorer DIEU. Celui-là seul
est donc vraiment chrétien qui dompte ses passions, qui
ne se permet aucune médisance, aucune injustice, qui
ne voit point un malheureux sans souffrir, qui partage sa
fortune avec les pauvres, qui pardonne les injures, qui
aime tous les hommes comme ses frères, qui est prêt à
perdre la vie plutôt que d'offenser Dieu... Sur ces principes, disait Fox, jugez toutes les sociétés qui se disent
chrétiennes, et voyez s'il y en a qui méritent ce nom ! »
Malheureusement, comme tous les réformateurs religieux,
Fox ne cessait de crier contre le clergé dominant, aussi
fut-il emprisonné par ordre de Cromwell ; mais rien ne
put ébranler son courage, et celui devant la volonté duquel tout s'inclinait fut vaincu par la parole du pauvre
cordonnier, qu'il rendit à la liberté à la suite d'une courte
entrevue.

Plus tard, Fox fut de nouveau jeté en prison; et ses nombreux ennemis, pour se moquer du réformateur, mettaient souvent en scène, sur les théâtres populaires de
Londres, notre cordonnier et sa femme; car il s'était
marié à la veuve d'un magistrat illustre de la province de
Lancastre, qu'il avait connue pendant sa détention dans
la prison de cette ville. Alors des comparses passaient

devant l'acteur chargé de parodier Georges Fox et pendant que celui-ci battait la semelle, ils le saluaient ironiquement du titre de pontife! Le public répondait par un de ces magnifiques grognements qui sont les sifflets du peuple anglais. Voilà comment ce surnom de *pontife* est échu aux cordonniers, qui peuvent répondre aux mauvais plaisants que la secte des Quakers, fondée par Fox, et propagée par Guillaume Penn, Georges Keit et Robert Barclay, est une des plus respectées; et que l'Amérique, l'Angleterre, l'Ecosse et l'Irlande comptent par millions les adeptes du pauvre cordonnier.

Mais il ne suffit pas de constater le préjugé qui tourne ainsi en ridicule ce qui devrait plutôt inspirer le respect et la sympathie; il faut en chercher les causes pour les écraser sous le talon vainqueur du bon sens, comme on fait d'une bête venimeuse. On a cru que la légende du Juif Errant était pour quelque chose dans ces sottes préventions. Mais, nous ferons observer qu'avant 1789, les cordonniers, réunis en confrérie religieuse et en corporation, virent leur métier généralement estimé et honoré, et que la légende du Juif Errant est bien antérieure à cette époque.

Voici, selon nous, la véritable origine de ce préjugé. Le cordonnier, par la nature de son métier et pendant une partie de son travail, peut non-seulement penser, mais encore causer; c'est pourquoi ces ouvriers, travaillant d'ordinaire en chambrée, ont l'habitude de débattre les questions qui occupent leur esprit. Ainsi ne peuvent faire les maçons, les charpentiers, les menuisiers, les serruriers, etc., que le bruit des marteaux et d'autres causes empêchent de communiquer entre eux. Or, comment ne pas s'inquiéter des intérêts politiques de son pays quand, comme en 89, la mère-patrie aux abois appelle à son aide toutes les intelligences et tous les hommes de bon vouloir? C'est ce qui explique la part active que prirent alors les cordonniers à la politique, au grand déplaisir des aristocraties de toutes les espèces, qui n'eurent pas assez de sarcasmes, de caricatures et d'insultes à lancer sur ces misérables ouvriers qui se permettaient de raisonner d'autre chose que de leurs chaussures !

Le cordonnier a l'esprit vif et gai, ainsi que l'a chanté La Fontaine. Son caractère indépendant a toujours été quelque peu frondeur. Lorsque le féroce empereur romain Caligula eut la fantaisie de s'affubler en Jupiter et de rendre des oracles, un Gaulois qui le regardait faire se prit à rire. — Que penses-tu de moi? demanda Caligula à l'effronté rieur. — *Je pense que tu es un grand fou !* répondit le Gaulois, qui était un cordonnier. L'histoire ajoute que l'empereur laissa libre celui qui avait osé lui dire aussi franchement sa pensée. C'est tant mieux pour la mémoire de Caligula.

Pour se venger des cordonniers, qui, comme nous venons de le dire, s'étaient jetés corps et âme dans le mouvement de la révolution, on décocha sur eux des chansons. Puis vinrent les caricatures, et, la réaction aidant, les vaudevillistes s'emparèrent du cordonnier; ils en firent la *queue rouge* inévitable de leurs pièces. Et cependant, ô HANS SACHS, pauvre cordonnier que les compatriotes de Gœthe appellent encore aujourd'hui le père de la comédie allemande, ton nom seul eût dû arrêter ces sottes railleries !

Ce que nous ne comprenons guère, c'est que cela se soit continué de nos jours. A part le *Cordonnier de Crécy*, de MM. Auguste Luchet et Desbuards, tous les cordonniers qu'on a mis au théâtre sont des savetiers sales et ivrognes. Il est vrai que nos petits Aristophanes modernes sont d'une tempérance si grande et de mœurs si sévères ! Ils ont bien le droit de jeter en pâture à leur public ces malheureux savetiers, qui, tous les ans, à l'approche des beaux jours, alors que les hirondelles viennent chanter leurs amours sous le ciel bleu, quittent leurs bourgs et s'en vont, vêtus d'un pantalon de treillis, d'une grosse chemise de toile, d'un tablier de cuir, un bâton à la main, en criant : *Carr'leur souliers !*

> Ainsi, le savetier traverse
> Grand'ville, village et hameau.
> Pour braver le froid et l'averse,
> Sa hotte lui sert de manteau.
> Au printemps, dans les nuits superbes,
> Prenant le ciel pour hôtelier,
> Il s'étend dans les hautes herbes,
> Sa hotte lui sert d'oreiller !
> > Carr'leur soulier !

Puis, réveillé par le chant des oiseaux :

> On le voit, au soleil levant,

Près de la borne de l'église,
Joyeux, s'établir en plein vent
Et déballer sa marchandise.

C'est là que le laborieux savetier raccommode les chaussures éculées et déchirées apportées par les bonnes du voisinage, qu'il égaie de ses chansons et de ses bons mots ; il en fait quelquefois d'aussi spirituels que MM. les vaudevillistes :

— Des *chiquets* aux souliers de votre maître ! Que fait-il donc votre patron, ma jolie brune ?

— C'est un peintre qui sera célèbre un jour, Monsieur le cordonnier.

— Bon, en attendant qu'il soit un grand homme, je vais, en haussant les talons de sa chaussure, en faire un homme grand.

— Et vous, la p'tite mère, que vous faut-il ?

— Une pièce à mes bottines, Monsieur le cordonnier. J'ai été indignement trompée ! il n'y a pas un mois que je les porte, et ...

— Que voulez-vous ! les souliers c'est comme l'amour : ça doit durer longtemps, mais ça s'use vite.

Puis l'heure du repas venue, le savetier tire du fond de sa hotte, — elle est merveilleuse, cette hotte : dans le jour, elle lui sert de banc, de magasin et de garde-manger, — un morceau de pain bis et une tranche de lard quelquefois rance, le gourmand ! Il arrose le tout d'un verre d'eau, l'ivrogne ! Et quand la *campagne est*

finie, il s'en va retrouver son petit bourg de la Lorraine,
où il vit

> Heureux dans sa pauvre maison,
> Quand, près du baquet de *science*,
> Sa femme berce un gros garçon,
> Sa richesse et son espérance.

La rime est pauvre, mais le baquet de *science* est si
bien nommé ! C'est là que le savetier, pauvre comme la
rime, trouve espérance et bonheur dans ce mot qui
contient toutes les joies : Travail !

Quant au *carreleur* sédentaire, malheureusement il
s'en va. Elle disparaît, la pauvre échoppe où tout le
village venait chercher un peu de la gaîté inépuisable
du savetier, qui, riant de sa misère, fredonnait :

> Travailler tant, gagner si peu,
> Murmurait le savetier Blaise,
> Hélas ! au soleil du bon Dieu
> Tous ne se chauffent pas à l'aise.

Elle s'éclipse, cette pauvre échoppe où dans sa cage d'o-
sier le merle sifflait l'air de la *Marseillaise*. Elle fait place
à l'élégante boutique d'un maître cordonnier, qu'il vous
faudra bien avouer, Messieurs les rieurs, être un artisan intelligent, s'il vous délivre des tortures de la pri-

son de saint Crépin (on nomme ainsi les souliers trop
étroits), tout en vous faisant le pied élégant. Vous l'ap-
pellerez artiste si vous avez admiré les magnifiques
chaussures qu'il a envoyées à l'Exposition de 1855.

. Il est un autre fait qu'il ne faut pas oublier de constater,
à cette époque d'ambition mesquine où le plus pauvre des
paysans veut, pour son fils, une de ces professions dites
libérales, et l'envoie croupir premier ou second clerc chez
un avoué ou un notaire, plutôt que de lui mettre la char-
rue en main. Il ne songe pas, ce père imprévoyant, que,
laboureur, ce fils pourra épouser une femme de son
choix ; tandis que notaire ou avoué, il devra courir après
une dot pour payer sa charge, au risque des résultats désastreux d'une union mal assortie ou privée de
sympathie.

Le cordonnier, au contraire, éprouve une certaine
joie à braver le préjugé vulgaire ; il sait, d'ailleurs, —
ce qui le rend parfois un peu vaniteux, — les difficultés
qu'il lui faut vaincre pour mériter le titre modeste de
bon ouvrier. Le cordonnier, disons-nous, prend son
fils au sortir de l'école primaire, et sur le tabouret de
travail lui montre son métier. Puis, à dix-sept ou dix-
huit ans, il l'envoie faire son tour de France : les voyages font vite un homme ! Et si quelques années plus
tard, le citoyen est appelé sous les drapeaux de la patrie,
il pourra, s'il n'est pas trop désireux du bâton de
maréchal, rendre de sérieux services à ses camarades
de chambrée, en leur confectionnant de solides chaussures qui les aideront à poursuivre l'ennemi. Ce travail

lui permettra, même étant soldat, d'envoyer quelque argent à sa vieille mère malade, et lui entretiendra la main suffisamment pour, au jour de son congé, rentrer dans la vie civile *avec du pain au bout des doigts.*

Cette façon de penser et d'agir prouve en faveur du bon sens des cordonniers et l'on devrait, dans un temps où la fortune à tout prix est le rêve insensé de tant de gens, leur tenir plus de compte de cette modeste ambition.

ANTIQUITÉ

CHAPITRE PREMIER

De l'origine de la chaussure. — D'où vient le nom de cordonnier. — De l'influence de la mode.

S'il est impossible d'assigner une date précise à la naissance de la profession du cordonnier, il n'est pas imprudent de dire que ce métier est, sinon le plus ancien du monde, du moins l'un des premiers que le génie de l'homme ait dû créer, et cela en raison de cet axiome : les industries sont nées de nos besoins.

Pour se garantir les pieds contre les chocs inévitables qu'il rencontre dans sa marche, l'homme a dû s'occuper des moyens de se chausser, peut-être même avant qu'il lui vînt à l'esprit l'idée de se vêtir. Ainsi, sous les zones les plus tempérées, alors que les peuples primitifs n'avaient aucune idée de ce que nous appelons aujourd'hui la pudeur, quand dans leur simplicité première ces peuplades sauvages vivaient nues, abandonnant leur corps à l'air chaud et parfumé d'un climat doux et fertile, nous trouvons dans les récits des voyageurs célèbres, ainsi que dans les dessins les plus anciens, que ces peuples naïfs étaient presque toujours chaussés de sandales, c'est-à-dire de simples semelles faites d'écorce d'arbre ou de bois, fixées aux pieds à l'aide de lianes.

Ceci posé, disons vite que le nom de *cordonnier* vient, suivant Ménage, du nom de Cordoue, ville de l'Andalousie où l'on fabriqua longtemps et supérieurement des cuirs de bouc et de chèvre. De là, *cordouannier*, puis par corruption *cordonnier*. L'auteur de *l'Histoire des Corporations ouvrières de la ville de Rouen*, M. Ouin-Lacroix, prétend que ce nom vient des cordons avec lesquels on a de tout temps attaché les souliers. Cependant, nous constatons que Philippe de Valois, dans une ordonnance relative à cette profession, écrit *cordouanniers* et non pas cordonniers; mais que le nom de cette profession ait pour étymologie les cordons des souliers ou le cuir de Cordoue (*Cordouan*), cela est de si peu d'importance que nous ne nous y arrêterons pas plus longtemps.

Nous ne séparerons pas l'histoire de la cordonnerie de celle de la chaussure; l'histoire de l'œuvre étant na-

turellement liée à celle de la profession qui l'a créée.
Cette division a été, selon nous, une des causes principales de la sécheresse et du peu d'intérêt des récits faits par la plupart des historiens et des érudits
qui se sont occupés jusqu'ici de traiter cette curieuse
matière.

La chaussure n'a pas toujours joué un rôle passif
dans l'histoire des peuples. Elle a été non-seulement
une chose utile et un objet de luxe, mais encore un
signe distinctif de race et de rang. Elle a été régle-
mentée ni plus ni moins que ceux qui la portaient ;
et nous avons été vraiment étonné des études, des
arrêts gouvernementaux et des discussions sans nombre soulevés à cause de la chaussure ou à propos
d'elle. Une histoire relatant tous ces faits formerait dix
volumes et demanderait pour auteur un patient Béné-
dictin !

Aujourd'hui, la chaussure ne subit plus guère d'autres
lois que celle de la mode ; la mode, c'est-à-dire presque
toujours le contraire du bon sens ! Ne voyons-nous pas
à l'heure qu'il est les Chinois mutiler les pieds de leurs
femmes et rendre la marche impossible à ces malheu-
reuses victimes d'une mode qui leur vient de nous ne
savons quelle princesse Tacha, dont le pied mignon avait
fait l'admiration des habitants du Céleste-Empire. On
décréta alors la mode des petits pieds quand même ! Nous
croyons, avec quelques écrivains, que cette habitude
étrange ne fut et n'est encore qu'un prétexte pour dissimuler la jalousie des Chinois, qui cloîtrent ainsi les

Chinoises dans leurs demeures. Heureuses les femmes pauvres de ce pays, puisqu'elles ne subissent pas, dit-on, l'honneur de cet usage ridicule et barbare.

Nous avons peut-être tort de nous servir d'épithètes aussi dures envers les Chinois; ne faisons-nous pas un peu comme eux, nous *le peuple le plus spirituel de la terre?* Que d'ennuis le cordonnier n'a-t-il pas à subir de ce genre de coquetterie impardonnable chez les hommes, mais, avouons-le, très excusable chez les femmes ! Un petit pied recouvert d'une bottine bien faite est chose si gracieuse à montrer et si aimable à voir !

On verra dans le cours de cette histoire quelle influence bizarre et souvent dangereuse les modes ont eue sur les mœurs et la santé des peuples. Ainsi, aujourd'hui, en plein dix-neuvième siècle, alors que nous rions tant des Chinois qui se mutilent et des sauvages qui se tatouent; malgré notre admiration pour la Vénus de Milo, nous trouverions ridicule une jeune fille qui ne se comprimerait pas la taille dans un de ces corsets dont l'abus fait souvent rachitiques et poitrinaires des femmes qui, sans cette coutume absurde, seraient devenues de fraîches et robustes mères de famille. Combien d'enfants l'usage immodéré du corset n'a-t-il pas chassés du sein meurtri de leur mère, pour leur donner en échange le lait et les caresses d'une étrangère ! Et ne voyons-nous pas à l'heure qu'il est, malgré le crayon observateur des Nadar et des Cham, les élégantes sortir par le froid le plus rigoureux, coiffées avec des chapeaux qui ne leur couvrent que le chignon, et vêtues de robes qui leur laissent à l'air bras et cou, ces deux conducteurs puissants des maladies de poitrine. Que de personnes aussi n'ont-elle pas dû renoncer à l'usage de la marche et subir aux pieds des opérations, quelquefois terribles, mais toujours très douloureuses, pour avoir cédé à la vanité trois fois sotte de faire petits pieds !

CHAPITRE II.

DE LA CHAUSSURE CHEZ LES HÉBREUX.

Importance de la chaussure chez les Hébreux. — Son rôle dans
les mœurs et coutumes de ce peuple. — Le soulier des noces. — Le soulier, emblème de la possession et de la cession.
— Le rabbin Johanan, sandalier.

Nous allons donner ici la première preuve écrite et
authentique que nous ayons trouvée de la connaissance
de la chaussure.

Le dernier livre écrit par Moïse, le Deutéronome, chapitre XXV, contient les versets suivants :

« 7. Que s'il ne veut pas épouser la femme de son

« frère qui lui est due selon la loi, cette femme ira à la
« porte de la ville, elle s'adressera aux anciens et leur
« dira : Le frère de mon mari ne veut pas perpétuer
« dans Israël le nom de son frère, ni me prendre pour
« sa femme.

« 8. (Aussitôt), ils le feront appeler et ils l'interro-
« geront. S'il répond : Je ne veux point épouser cette
« femme-là,

« 9. La femme s'approchera de lui, devant les anciens,
« lui ôtera *son soulier* du pied et lui crachera au visage
« en disant : C'est ainsi que sera traité celui qui ne
« veut pas établir la maison de son frère.

« 10. Et la maison sera appelée dans Israël la maison
« du *déchaussé !* »

Si le besoin d'une pareille loi se faisait sentir aujour-
d'hui, car toutes ces lois avaient un but politique ou
social, dans quel embarras ne serions-nous pas, ô mon
Dieu ! N'est-ce pas assez d'avoir à choisir sa femme en
ce monde, sans être forcé de présider aux goûts con-
jugaux de son parent ? Et c'est ainsi cependant que le
frère prudent devait faire en ce temps-là.

Soit prudence, soit dévoûment, les *déchaussés* israélites étaient peu nombreux.

Or, le célèbre législateur Moïse, qui dicta cette loi
aux Hébreux, mourut 1461 ans avant Jésus-Christ. On
peut donc faire remonter assurément la fabrication de
la chaussure à plus de quinze siècles avant l'ère chrétienne.

Les Hébreux, qui n'étaient encore que des peuples

pasteurs lorsqu'ils furent appelés en Egypte par Joseph, durent, pendant leur séjour dans ce pays, emprunter le costume et les diverses chaussures des Egyptiens. D'ailleurs, la situation pénible où les plaça le joug des Pharaons ne leur permit pas d'aspirer à d'autres fonctions que celles d'artisans. Ils se livrèrent donc, probablement, à l'exercice de diverses professions. Trop heureux ceux qui pouvaient se soustraire ainsi aux travaux durs et grossiers auxquels on avait pour habitude de les assujettir. Les professions de tanneur et de corroyeur, qui durent pendant longtemps être échues aux mêmes ouvriers, furent, sans doute, imposées des premières aux Hébreux, en raison de la répulsion qu'elles devaient inspirer. De la corroierie à la cordonnerie il n'y avait qu'un pas à faire.

Ce peuple, dont l'observation et la finesse se développèrent d'autant qu'il avait plus à souffrir des injustices de ses oppresseurs, dut devenir habile dans les professions auxquelles il s'adonnait. Dieu le récompensa de sa résignation et de son courage par l'affranchissement que leur apporta Moïse, auquel il apparut sur le Mont Horeb dans la flamme d'un buisson qui brûlait et ne se consumait pas. Moïse, voyant ce miracle, dit : « J'irai et « je verrai cette grande vision, et pourquoi le buisson « ne se consume point. » — « N'approche point d'ici, « lui dit le Seigneur, ôte *ta chaussure,* car la terre sur « laquelle tu marches est une terre sainte. »

Plus tard, Moïse prépare ainsi les Hébreux au passage de la mer Rouge : « Vous mangerez à la hâte l'agneau

« sans tache, votre ceinture autour des reins, vos *souliers*
« *de voyage tout chaussés* et un bâton à la main. » Et
la Bible dit encore : « Pendant quarante ans que les
« Hébreux passèrent dans le désert, leurs *souliers* ne se
« sont point usés, etc. »

Le Deutéronome nous apprend aussi que chez les
Hébreux les gens de guerre mettaient des *chaussures* armées de fer et d'airain.

Bien que les Hébreux portassent d'ordinaire la sandale, chaussure commode, qui permettait les grandes
marches, laissant libre allure à tous les mouvements du
pied, ils avaient néanmoins le soulier couvert pour leurs
grands-prêtres.

La chaussure devenait déjà un signe distinctif de race
et de rang. Le soulier couvert que portait le grand-prêtre
juif était de couleur pourpre ; cette couleur indiquait le
plus haut signe de la puissance. La chaussure couverte,
mais de couleur noire, fut portée un peu plus tard par
les hommes des classes riches ; la sandale resta celle
des classes pauvres.

Si les femmes juives allaient pieds nus, ainsi que l'ont
écrit plusieurs historiens, ce n'était que dans l'intérieur
de leur maison, dont le sol était couvert de nattes. Non-
seulement nous trouvons dans la Bible des preuves irrécusables que les femmes juives étaient chaussées, mais
nous trouvons encore dans le Livre saint une preuve que
les Juives ont, des premières, apporté un certain luxe
dans leur chaussure.

Isaïe dit : « Parce que les filles de Sion se sont enor-

« gueillies, qu'elles se sont noirci les yeux et qu'elles ont
« *marché à petits pas et les pieds enfermés dans des chaus-*
« *sures bruyantes*, le Seigneur rendra chauve la tête des
« filles de Sion et fera tomber tous leurs cheveux, le Sei-
« gneur leur ôtera *leurs chaussures magnifiques*, leurs
« croissants d'or, etc. » Le prophète Isaïe dit encore que
la chaussure des Juives était d'un blanc-violet, retenue
par des cordons de couleur pourpre.

Plus loin, au chapitre de Judith, nous lisons : « Elle se
« revêtit des habits qu'elle était accoutumée de porter au
« temps de sa joie, prit une *chaussure très riche*, des
« bracelets, des lis d'or, des pendants d'oreilles, des
« bagues, se para enfin de tous ses ornements. »

Le bleu et le violet, dont il est question aussi dans la
Bible, semblent être des couleurs spécialement adoptées
alors par les femmes de la religion juive.

Enfin, des écrivains dignes de foi nous apprennent
que : « les Hébreux eurent, dès les premiers âges, des
« chaussures qui *couvraient à la fois le pied et la jambe.*»
Cette chaussure était évidemment un brodequin. — En
quoi était fait ce brodequin ? — En peau brute, sans
doute, car nous trouvons aussi : « que les Hébreux fai-
« saient alors *un grand usage de vêtements en peaux.*»

Les artistes qui représentent Joseph chez Putiphar
chaussé d'un brodequin en peau brute sont, sans doute,
dans le vrai. Josué, qui succéda à Moïse, est également représenté, lorsqu'il passe le *Jourdain*, chaussé d'un brodequin. Le brodequin serait d'après cela l'une des plus
anciennes chaussures.

Un fait plus authentique, c'est qu'à leur sortie d'Egypte, les Hébreux emportèrent en Asie les procédés des industries qu'ils avaient exercées pendant leur servitude.

Nous terminons ce chapitre en indiquant encore, pour n'avoir plus à y revenir, quelques usages autrefois en vigueur chez les Hébreux.

Dans tous les actes importants de leur vie, la chaussure jouait un rôle chez ce peuple.

Quand un Hébreu voulait donner à une personne une preuve de haut respect, il avait le soin de quitter sa chaussure et de paraître ainsi déchaussé devant elle.

Dans de grandes circonstances, on vit encore les Hébreux se condamner à marcher pieds nus. Ainsi, le prophète Isaïe alla à Jérusalem, nu et *déchaussé*, pour annoncer la captivité prochaine des tribus en Egypte et en Ethiopie.

Après la mort d'un parent, d'une personne aimée ou vénérée, les Hébreux, en signe de tristesse, ne portaient aucune chaussure tout le temps consacré au deuil.

Le jour des expiations, les Hébreux portaient des souliers en *feutre* ou en étoffe du même genre. En effet, les Hébreux employaient d'ordinaire des peaux brutes ou préparées à la confection de leurs chaussures.

Avant la célébration des noces juives, dit Grégoire de Tours, l'époux futur offrait un anneau à sa fiancée, puis l'embrassait et lui présentait un soulier. Or, nous allons voir que le soulier donné était le signe du droit de possession. N'était-ce pas là un symbole charmant que ce don fait par l'époux à sa fiancée, et qui signifiait ; *je constate par ce soulier notre mutuelle possession ?*

Cette coutume explique les paroles que, six cents ans après l'entrée des Juifs dans la terre promise, Ezéchiel faisait dire au Seigneur : « Olla, j'ai juré un pacte avec toi, « je t'ai donné des *souliers bleus*, une ceinture de coton, « tu as été parée d'or et d'argent, et nourrie de bon pain, « de miel et d'huile, et après cela, tu as mis confiance en « ta beauté. »

Un fait étrange, c'est de voir quelques historiens anciens constater que les femmes israélites portaient des chaussures ornées de *lunules*. Les Chaldéens et les Arabes, dès la plus haute antiquité, avaient voué un culte à la Lune. Les Hébreux, sortis de la Chaldée , auraient-ils conservé cet ornement comme une tradition de race ?

Enfin, la transmission d'une propriété ou d'un droit quelconque se concluait à l'aide d'un soulier, ainsi qu'on le voit dans la Bible au livre de Ruth, chapitre ɪv, verset 7 : « C'était une ancienne coutume dans Israël, entre les parents, que s'il arrivait que l'un cédât son droit à l'autre, afin que la cession fût valide, celui qui se démettait de son droit ôtait son *soulier* et le donnait à son parent : c'était le témoignage de la cession en Israël. »

Nous avons encore aujourd'hui un proverbe qui prend sa source dans cette étrange coutume : *Il ne faut pas compter sur les souliers d'un mort* , pour : Il ne faut pas compter sur la succession d'un mort.

Il est certain pour nous que l'origine de cet usage vient de ce que le soulier représente le pied. Or, dans les sociétés primitives où la force était la seule loi, le vainqueur foulait aux pieds le vaincu pour marquer sa victoire. S'il ne tuait pas son ennemi, s'il se contentait de le réduire en esclavage, il exerçait son premier acte de possession en le foulant aux pieds. Cet acte devint dans la suite le symbole d'un droit, et cet emblème finit par passer du pied à la chaussure elle-même.

Des hiéroglyphes égyptiens on a traduit ce passage : « Tes ennemis seront sous tes sandales. » Et dans ses psaumes, David reproduit cette même pensée en glorifiant le Seigneur : *Et ponam inimicos tuos scabellum pedum tuorum.* Et je ferai de tes ennemis un escabeau pour tes pieds.

Un bas-relief très intéressant pour la science, trouvé à Bi-Sutoun, et dont MM. Flandin et Coste ont rapporté en France le remarquable dessin, représente le grand Darius, roi de Perse, *prenant possession* de captifs qui lui sont amenés la corde au cou et les mains attachées derrière le dos. Darius fait le simulacre de fouler sous son pied droit la poitrine du premier prisonnier qui, détaché des autres, est couché sur le dos. Les mains levées vers Darius, ce malheureux semble implorer la pitié du vainqueur.

Le mont Bi-Sutoun ou Bihi-Stoun est situé en Perse, dans la province d'Irak-Adjémi, ancienne Médie. Ce bas-relief est reproduit dans le curieux ouvrage publié par M. Edouard Charton : *Voyageurs anciens et modernes.*

Darius régnait dans le vi^e siècle avant Jésus-Christ. Ce très ancien usage s'est donc conservé, comme on le voit, pendant une longue succession de siècles.

Plus tard, l'affirmation de la parole échangée s'effectua par un coup frappé dans la main, et à l'heure où nous écrivons, bon nombre de transactions importantes se terminent encore dans nos marchés provinciaux par un : *Tope là*, l'affaire est faite! Quand des Juifs achètent ou vendent aujourd'hui une propriété, ils vont faire faire leurs actes chez un notaire; celui-ci serait bien étonné si on lui disait que, malgré la gravité de ses fonctions et la majesté de sa cravate blanche, il n'a pas d'autre mission pour ses deux clients que celle de remplacer le *soulier* de l'antiquité.

Par suite de l'importance qu'avait prise la chaussure dans les mœurs et les usages de ce peuple, on doit croire que la profession de cordonnier était alors tenue en haute estime chez les Hébreux.

La sandale retenue aux pieds par des courroies constitue la première chaussure connue; les premiers cordonniers furent des sandaliers. Les Hébreux, dans leur Rituel, prononcent encore tous les jours avec respect le nom du RABBIN JOHANAN le sandalier, dont les sages maximes sont devenues le complément de leurs prières à Dieu.

Le caractère sérieux et l'esprit élevé du sandalier Johanan lui avaient mérité l'estime et l'amitié du célèbre rabbin Akiba, que sa science profonde et son courage héroïque ont placé au premier rang parmi les grands hommes de la nation juive.

Sous l'empereur Adrien, les Juifs essayèrent de reconquérir leur nationalité en se délivrant du joug des Romains qui s'étaient emparés, sous Titus, de toute la Judée. Akiba seconda de toute sa puissance et de toute son énergie le juif Siméon, plus connu par le surnom de Barcokéba, c'est-à-dire, *fils de l'Etoile*. Ce chef fameux tint pendant longtemps tête à l'armée romaine. Akiba, fait prisonnier, fut jeté dans un des cachots de la forteresse de Béthar. Les Juifs, qui n'avaient pas encore perdu tout espoir, avaient une grande confiance dans Akiba, et Johanan, qui était libre, imagina un moyen curieux de correspondance avec le célèbre prisonnier dont il avait été non-seulement l'ami, mais aussi le fervent disciple.

Johanan joignait à la profession de sandalier un petit commerce de mercerie. Il prit avec lui des éponges, des aiguilles, du fil ; et passant près du cachot où était renfermé Akiba, il se mit à annoncer à haute voix les marchandises qu'il voulait vendre. Le prisonnier reconnut la voix de son disciple et parut à la lucarne de sa prison. Johanan continua de crier : Achetez-moi du fil ! — Achetez-moi des éponges ! — Achetez-moi des aiguilles ! et il avait l'adresse d'intercaler, entre chaque cri, un ou plusieurs mots, qui, sans attirer l'attention, apportaient au prisonnier les nouvelles et des demandes auxquelles celui-ci répondait : *C'est défendu* ou *c'est permis*. De cette façon, les Juifs pouvaient encore recevoir les ordres de leur chef. Mais hélas ! les Juifs vaincus partout ne purent pas délivrer Akiba : et Barcokéba ayant été livré au supplice, le malheureux Akiba fut écorché vif avec un peigne de fer. Johanan eut sans doute un sort à peu près semblable ; mais, l'histoire est muette en ce qui concerne la mort du cordonnier juif. C'est de cette guerre terrible, qui ne dura pas moins de cinq ans, que date l'entière dispersion des Israélites. Ils ne purent jamais depuis reconstituer une nationalité.

Johanan commenta la loi de Moïse. Bien que par ses talents et ses travaux intellectuels il eût pu quitter sa profession de sandalier, il resta fidèle à son principe : l'homme ne doit chercher son pain quotidien que dans le travail manuel.

Nous terminerons cette courte biographie, en citant d'après le Rituel des Israélites, traduit par Créhange, cette maxime de Johanan le sandalier :

« Toute association qui a pour but la gloire de Dieu
« (la manifestation de la vérité et de la justice) triom-
« phera. »

CHAPITRE III

AFRIQUE.

DE LA CHAUSSURE CHEZ LES ÉGYPTIENS ET LES ÉTHIOPIENS.

Haute antiquité de la chaussure chez les Egyptiens. — Les
premiers cordonniers connus sont des Egyptiens. — Usten-
siles de cordonnerie. — La division du travail était connue
des Egyptiens. — Atelier et boutique de cordonniers égyptiens. — Matières employées dans la confection des chaussures. — Chaussures des Pharaons, des prêtres égyptiens et
des guerriers. — Coup d'œil critique sur la situation faite à
la caste des artisans en Egypte. — Contrat de vente. — Association entre patrons et ouvriers. — La cuvette d'or d'A-
masis. — Le revenu d'une ville consacré à la chaussure
d'une reine d'Egypte.

La science ne peut sûrement attribuer à aucun peuple
la priorité en civilisation. Parmi les savants de l'antiquité,
les uns penchent pour les Egyptiens, les autres pour les
Chaldéens ou les Babyloniens ; les auteurs modernes,
pour les Chinois et les Indiens. Nous n'avons pas encore

l'œil assez perçant pour lire sous le voile mystérieux qui recouvre les temps anciens.

Les premiers cultivateurs durent être les premiers civilisés.

> Progrès, dans ta marche ascendante,
> Tu fais du sauvage un pasteur.
> Puis, pour fixer sa vie errante,
> Tu lui dis : Sois cultivateur.
> Par *Jean-Blé-Mûr* alors tout change ;
> Pour garder son grain récolté
> On construit la ferme et la grange,
> Puis le hameau, puis la cité !

Or, les débordements périodiques du Nil développèrent l'art de la culture plus tôt chez les Egyptiens que chez les autres peuples. Il n'en était pas de même des autres populations de l'Afrique connue des anciens ; ils étaient ou chasseurs ou nomades, et marchaient pieds nus ou les pieds enfermés dans des peaux non préparées, ainsi primitivement les habitants de l'Afrique proprement dite : Abyssinie, Libye, Mauritanie et Numidie.

Les Egyptiens, dont les colons portèrent la civilisation en Grèce, sont vraisemblablement le premier peuple connu chez lequel la chaussure commença à devenir d'un usage général. Nous la voyons pour ainsi dire naître et se développer chez eux. Quand la chaussure n'est encore faite que de bois ou de lianes chez les autres peuples, elle est déjà, chez les Egyptiens, fabriquée avec

de la toile, des feuilles de palmier et des pellicules de
papyrus.

Pline, en écrivant que les souliers furent inventés en
Béotie par des Grecs, entend seulement par là, sans
doute, qu'une forme nouvelle de chaussure fut inventée
par les Béotiens.

Plutarque nous dit que les femmes égyptiennes marchaient pieds nus ; et il ajoute que cet usage avait pour
but de retenir le plus possible les femmes dans leurs
demeures. Cependant les nombreux monuments de l'ancienne Egypte nous montrent des femmes chaussées de
sandales et de souliers ; et les peintures trouvées en
1815 dans la Haute-Egypte ne nous laissent plus de doute
à cet égard. Les femmes de l'ancienne Egypte étaient
chaussées ; et cela se comprend d'autant mieux, qu'au dire
d'Hérodote, contrairement à celui de Plutarque, les hommes restaient renfermés dans leurs maisons où ils se livraient à leurs divers travaux, et les femmes se char-
geaient du soin des affaires extérieures.

La peinture thébaïque dont parle M. Buchet de Cublize dans son introduction et que nous reproduisons
à la page suivante, pour aider le lecteur à suivre l'explication que nous allons en donner, remonterait, selon
les appréciations de J. B. J. Fourier, à environ quatre mille
ans. Elle représente la boutique et l'atelier d'un cordonnier. Quatre ouvriers travaillent : trois à la confection de sandales, l'autre à étendre ou à assouplir
une peau. Cette peinture était probablement l'enseigne
d'une rue ou d'un quartier affecté à la cordonnerie,

chaque corps d'état ayant alors sa rue ou son quartier spécial.

Il ne faut point s'étonner de trouver dans ce dessin les hommes, les sandales et les outils représentés sur le même plan; les artistes d'alors étaient impuissants à rendre la perspective. Dans l'Atlas de Champollion et de Rosellini les quatre personnages se suivent ; nous avons dû diviser le tableau en deux parties pour en faciliter la reproduction.

Le cuir est représenté, dans la première partie, par un morceau de peau coupé en carré et, dans la seconde, par deux morceaux rectangulaires. Dans la première partie, nous trouvons cinq sandales terminées dont nous ne voyons que la semelle. Au-dessous trois outils sont suspendus. Celui du milieu est incontestablement une alène entourée d'un fil ; certains cordonniers ont encore de nos jours conservé l'habitude, quand ils interrompent leurs travaux de couture, d'entourer ainsi leur alène avec le reste de leur fil. Les deux autres outils dont nous ne voyons qu'une des faces représentent, probablement, deux maillets (le marteau était alors inconnu). Le gros était destiné à battre le cuir avant d'être employé, et le petit servait dans le courant de la confection de la chaussure.

Le premier personnage perce une des oreilles de la sandale à l'aide d'un poinçon. Le chevalet que l'on remarque à ses côtés devait servir à *parer* le cuir ; les corroyeurs ont encore aujourd'hui un banc semblable destiné au même usage, et généralement en buis ou en cormier. A côté du second ouvrier nous trouvons un peigne, servant à la fabrication du fil, qui était composé de plusieurs branches, ainsi que nous l'avons constaté dans des sandales trouvées au Louvre. Au-dessous du peigne nous croyons reconnaître un petit billot portatif ; plus bas enfin, encore un maillet.

Dans la deuxième partie, nous remarquons deux sa
dales vues de profil; puis nous apercevons plus distinct
ment la forme du poinçon, à l'aide duquel l'ouvrier perce
semelle pour y fixer la courroie qui assujettira la sanda
au pied. Près du chevalet nous voyons trois outils:
premier est un couteau *à pied* qui, chez les cordo
niers modernes, a été remplacé par le tranchet. Ce co
teau est encore en grand usage chez les bourreliers
divers autres corps d'état où l'on emploie le cuir et
peau. Le second est un petit poinçon. Le troisième se
ble être une corne destinée à contenir dans la par
creuse un corps gras; l'ouvrier devait y piquer
temps à autre son poinçon et son alène pour le
faciliter le percement de la semelle. De nos jours
cordonniers ont encore un gros os creux qui conti
du suif pour le même usage.

Le dernier ouvrier étend son cuir et sa peau sur
chevalet d'un genre différent des autres. Cette opérati
a pour but de faire sortir tout le *prétant* de la peau.

Nous avons également trouvé un tableau représenta
des ouvriers tanneurs. Chacun d'eux se livre aux dive
ses préparations de la peau. Un ouvrier retire une pe
tigrée d'une urne qui contenait sans doute une m
tière tannante. L'alun d'Égypte, qui, selon Pline, ét
le meilleur connu, devait servir au tannage des cui
auxquels on donnait ensuite une coloration.

Les Egyptiens pratiquaient déjà la division du trava
Ce fait important à constater résulte non-seulement
dessin qui nous montre chaque ouvrier cordonnier o

cupé à un travail différent ; mais surtout de ce que la tannerie et la corroierie n'étaient pas confondues en un seul atelier. A côté du tableau des tanneurs nous voyons un atelier de corroyeurs, où chaque ouvrier exerce un travail spécial. Le premier prépare une peau; le second l'étend; le troisième la détaille en bande ; et le quatrième tient à la main des semelles qui sont prêtes à être livrées aux cordonniers.

Si les ouvriers cordonniers représentés sur les monuments de l'Egypte ne sont jamais indiqués, bien qu'étant assis, dans la position courbée que nécessitent certains travaux de nos cordonniers modernes, c'est qu'alors la chaussure étant faite de toile, de matières végétales et de peaux tannées légèrement, dans le genre de la maroquinerie actuelle, l'emploi de ces matières n'exigeait pas de l'ouvrier le déploiement de forces que réclame la manipulation du cuir fort.

Les tanneurs égyptiens fabriquaient aussi de grosses peaux ; mais elles recevaient plutôt une simple pénétration de l'alun ou d'un tannin provenant de plantes quelconques, qu'un tannage serré. Ceci explique comment le poinçon et l'alène employés par le cordonnier égyptien traversaient le cuir sans trop de difficultés.

Voici le dessin de sandales que nous avons trouvées dans l'un des magasins du Louvre. Ces sandales, qui ont été enlevées des pieds d'une momie, et n'ont pas pris place au Musée Ethnographique, déjà si riche, nous révélent une similitude curieuse de procédés avec ceux employés aujourd'hui dans la fabrication des chaussures,

Elles sont faites de deux semelles. Une forte semelle en gros cuir de bœuf, de vache ou de buffle, est surmontée d'une première semelle en cuir plus mince, cousue à la forte semelle, exactement comme aujourd'hui; le point seulement est un peu plus large qu'aux chaussures modernes. Entre les points on trouve encore des résidus de résine ou de poix, dont le fil a été évidemment enduit pour éviter la pénétration de l'eau.

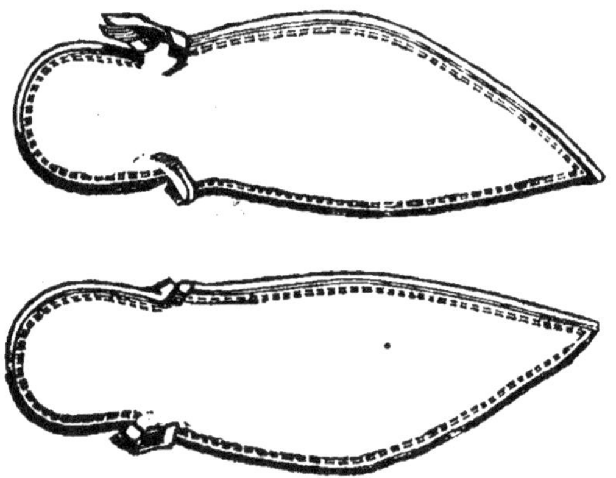

Nous n'avons trouvé que les semelles de ces sandales, les brides ou courroies n'y sont plus attachées.

Nous n'avons pas les noms des diverses chaussures qui furent en usage chez ce peuple; la langue des Egyptiens étant encore presque inconnue. Il est question chez quelques historiens d'une sandale dont la semelle faite en tresses de palmier] ou de papyrus, était retenue au pied à l'aide de cordons teints en diverses couleurs; et ils désignent cette sandale sous le nom de *Tabteb*.

D'après des renseignements que nous avons cependant pu recueillir de sources sérieuses, le soulier et la

botte étaient, ainsi que la sandale, en usage chez les
Egyptiens.

Ceci dit, nous allons suivre dans l'énumération des
chaussures égyptiennes l'ordre que nous croyons être le
plus voisin de la vérité. Les historiens sont loin d'être
d'accord sur la chronologie égyptienne. Nous citerons
les noms des Pharaons qui chaussaient les sandales que
nous allons décrire et reproduire dans ce chapitre ; de
cette façon, nos lecteurs pourront donner une date, sinon
précise, au moins approximative, à la fabrication de ces
curieuses chaussures.

Dans l'Iconographie de l'Egypte, les anciens Pharaons
sont représentés avec une chaussure très simple, mais
caractéristique. Ils portent la sandale avec ses attaches
primitives : mais c'est la sandale très relevée et terminée
par une pointe recourbée comme une longue dent d'éléphant, ou comme la pointe antérieure d'un patin. Dans
certaines chaussures, cette pointe porte au moins vingt
centimètres de longueur et s'élève, au-dessus des doigts
du pied, d'environ dix à douze centimètres. Cette forme
bizarre indiquerait évidemment une distinction de rang,
une haute position sociale. On ne la voit jamais aux
pieds des personnages secondaires des peintures égyptiennes.

Plusieurs Pharaons sont représentés dans des scènes
de combat, où les mouvements du pied droit ou du
pied gauche, parfaitement suivis par la sandale, démon-
trent suffisamment que cette chaussure était fabriquée
avec une matière flexible, et non en métal, comme l'ont

pensé quelques historiens. Rien dans ces peintures n'indique précisément de quelles matières était cette sandale; mais nous avons trouvé au Louvre des chaussures à peu près semblables à celles dont nous venons de parler ; et les unes étaient faites en papyrus, en feuilles de palmier les autres en cuir. Il est donc présumable qu'en temps de paix les Pharaons portaient des sandales faites de matières végétales, mais que celles destinées aux combats étaient en cuir. La fabrication du cuir, ainsi que nous l'avons démontré, remonte, d'ailleurs, chez les Egyptiens, à la plus haute antiquité.

La pointe des sandales portées par les Pharaons étaient-elles en même matière que la semelle? Il est permis d'en douter. Le cuir le plus ferme aurait bientôt fini par se déformer. Cette partie de la chaussure était sans doute faite d'un métal précieux ou tout au moins munie intérieurement d'une garniture rigide. Quant aux attaches, elles consistaient évidemment en deux oreillons ou boucles qui se rejoignaient sur les côtés du pied et formaient une bride, du milieu de laquelle partait une courroie légère qui allait se relier à l'extrémité antérieure de la sandale, en passant entre l'orteil et le second doigt du pied.

Ces sandales sont parfois très minces, parfois aussi d'une épaisseur relative assez considérable. La courbe de la pointe n'est pas toujours également prononcée. Il en est qui ne sont pas plus recourbées que la lame d'un yatagan, tandis que d'autres forment un véritable demi-cercle.

Plusieurs figures de pharaons apparaissent néanmoin

avec des sandales sans pointe recourbée. Elles dépassent alors le pied de deux ou trois centimètres sur le devant et d'un peu moins sur le derrière. Le système d'attaches varie peu. Les oreillons se perfectionnent, s'enjolivent ; au lieu d'une seule bride sur le coude-pied on en voit apparaître une seconde, qui vient se placer en avant à la naissance des doigts du pied ; puis à la première bride qui prend le coude-pied, s'ajoute quelquefois une courroie qui, servant de quartier, emboîte le pied et le fixe-à la chaussure avec plus de solidité.

Il existe une peinture où le pharaon Memphtah Ier fait grâce à des vaincus. Ce roi est chaussé de sandales qui dépassent à peine le talon, et dont les pointes assez longues ont à peu près la courbure d'une dent d'éléphant. Parmi les vaincus on remarque un chef africain dont la sandale diffère très peu de celle de Memphtah. Dans une bataille on retrouve ce même pharaon représenté avec une chaussure identique.

Cette sandale ne diffère de la sandale de Séti Ier, dont

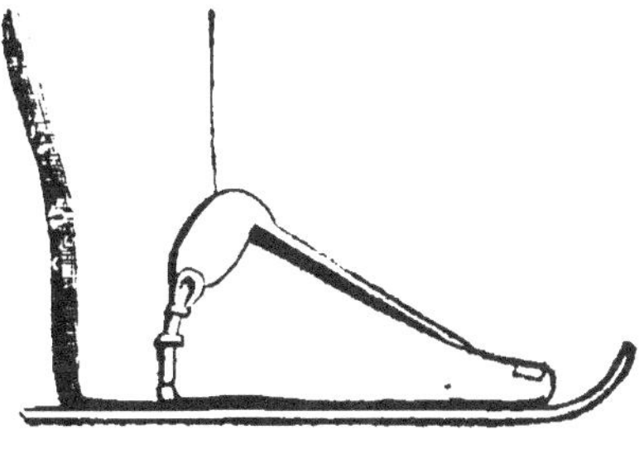

Sandale de Séti Ier.

nous donnons ici le dessin, que par la pointe qui est un

peu moins courbée, mais un peu plus longue et figure assez exactement une dent d'éléphant.

Nous avons copié cette sandale d'après un bas-relief peint, venant du tombeau du roi Séti Ier, sans doute le même prince que d'autres historiens désignent sous le nom de Séthos, et qui aurait appartenu à la XIXe dynastie ainsi que cela est indiqué dans le catalogue du Louvre. Il faut observer que nous ne voyons ici que le profil ou l'épaisseur de la sandale; ce qui a pu laisser croire à une lame de métal, quand incontestablement cette sandale était faite de matières flexibles.

D'autres peintures copiées, ainsi que celles où nous avons trouvé Memphtah Ier, sur le temple de Beit-Oualli, en Nubie, montrent Ramsès II, dans sa première enfance, allaité par les déesses Anubis et Isis. Les Egyptiens aimaient à représenter leurs princes comme étant fils de leurs dieux. La chaussure que porte le jeune Ramsès ressemble à celles qu'avaient coutume de porter les reines. C'est une sandale sans pointe, dont les attaches sont assez élégantes.

Nous avons voulu donner ici en regard un dessin représentant une reine à laquelle une jeune fille d'honneur sert un breuvage qu'elle a le soin de verser sur une espèce de passoire.

Ce dessin donne à nos lecteurs une idée du sentiment artistique déjà très développé à cette époque si reculée. Nous le devons aux recherches de Nestor Lhôte qui paya de sa vie son amour pour la science. Ce savant, en parlant de la figure de la reine dont nous reproduisons l'i-

mage disait : « La mollesse, l'abandon gracieux de cette
figure suffiraient, à défaut d'autres témoignages, pour dé-

Trouvé dans les grottes d'El-Tell.

mentir l'opinion qui veut que tout soit raide et sec dans
l'art pratique des Egyptiens. » Ce dessin a été trouvé
dans les grottes d'El-Tell. Le creusement de ces grottes
est antérieur à l'invasion des Hyksos, qui eut lieu 2300
ans avant notre ère.

M. J. Henry qui, dans son *Egypte Pharaoniqne*, a reproduit aussi cette peinture, dit que les étoffes dont les femmes faisaient leurs robes étaient, les unes d'une finesse et

d'une transparence telles, que la femme qui s'en montrait vêtue restait par le fait véritablement nue ; les autres, d'un tissu plus compacte et plus serré, en lin, en coton, étaient teintes de différentes manières et avec des fleurs.

Mais revenons à notre sujet. Les sandales du jeune Ramsès II ressemblaient donc à celles indiquées dans ce dessin. Pendant sa jeunesse, nous voyons encore ce prince chaussé d'une sandale à pointe naissante; mais la courroie contourne le talon à la hauteur du coude-pied en guise de contrefort et une autre courroie entoure les orteils.

Plus tard, Ramsès II, dans des peintures qui représentent ses batailles et conquêtes, est chaussé d'une sandale à pointe.

Le grand Sésostris, le plus célèbre des pharaons, est très souvent représenté les pieds garnis de sandales à pointes très élevées et très recourbées. La longueur de la pointe, et cette large courbure, indiquaient bien évidemment, ainsi que nous l'avons dit déjà, une grande distinction.

Une figure en pied de la femme de Sésostris, la reine Nofré-Ari, nous la montre coiffée en déesse Hator (Vénus) et tenant à la main des tiges de papyrus. Sa chaussure se compose d'une sandale semblable à celle de Séti Ier. Seulement la semelle, au lieu d'être en pointe courbée, s'arrête à l'extrémité du pied et remonte carrément de façon à garantir les orteils de tout contact dangereux. Nofré-Ari est souvent représentée avec des sandales, alors même qu'elle prend le costume d'une déesse. Ces dessins ont été copiés par Champollion le jeune et Rosellini dans le temple d'Ibsamboul.

Dans le temple de Derri, Sésostris reçoit de la déesse Saf-Ri le sceptre des panégyries; il est chaussé d'une sandale à pointe.

A Thèbes, dans le Rhammesséion, Sésostris est encore chaussé de la même manière.

Sésostris, lorsqu'il combat, porte souvent la sandale sans pointe, semblable à celle que l'on trouve aux pieds de ses guerriers. La pointe recourbée eût gêné ses mouvements. Le dessin que nous offrons à nos lecteurs et que nous avons fait copier sur le magnifique atlas de Champollion le jeune, représente ce roi foulant aux pieds

Sésostris vainqueur.

un chef ennemi vaincu, en même temps qu'il en perd
un autre de sa lance. Cette remarquable composition
est tirée du grand spéos d'Ibsamboul, en Nubie.

Dans les édifices de Médinet-Habou à Thèbes, le pharaon
Meïamoun est représenté jouant aux échecs avec sa femme
il porte des sandales à pointes recourbées. Une autre
peinture nous montre ce pharaon s'amusant avec ses enfants; il porte encore les sandales à pointes, mais les jeunes princesses ont la sandale plate et sans pointe.

A Thèbes, dans la vallée des Reines, on remarque le
portrait en pied des reines Théti et Isé; elles ont également des sandales sans pointes.

Dans la partie de Thèbes appelée Biban-el-Moloul,
nous avons trouvé des peintures où l'on peut voir les
chaussures des Ramsès VI, VII, VIII et IX. Trois de ces
chaussures — toujours des sandales — ont une pointe plus
ou moins allongée et recourbée : ce sont celles de
Ramsès VI, VIII et IX. La chaussure de Ramsès IX porte
une pointe d'une grandeur exceptionnelle, dont voici le
dessin. La sandale de Ramsès VII est plate et l'extrémité
ne dépasse pas les orteils.

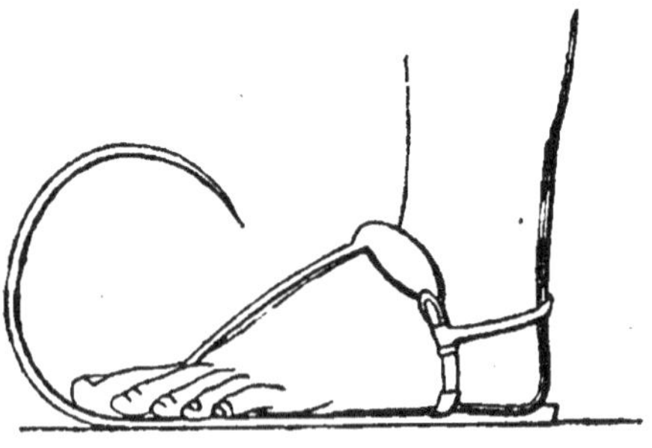

Sandale de Ramsès IX.

Nous pouvons donc nous résumer ainsi : à ces époques si éloignées de nous qu'elles sont encore comme perdues dans le monde anté-historique, la sandale était sans doute la chaussure unique, et encore n'était-elle portée avec une pointe que par les grands personnages, rois, princes et princesses. Les prêtres la chaussaient également; ce qui s'explique par ce fait que les pharaons étaient toujours choisis parmi les membres de la caste sacerdotale.

Dans le temple de Khons, on voit la figure en pied d'un grand-prêtre d'Ammon-Ra, faisant l'offrande de l'encens et de l'eau consacrée ; ce prêtre a pour chaussure la sandale à pointe très longue et recourbée.

Lorsque cette sandale chaussait les prêtres, elle ne pouvait être faite qu'en matière végétale ; car, suivant Hérodote, les prêtres égyptiens ne protaient pour tout costume « qu'une robe de lin et des souliers de byblus (papyrus). Il ne leur est pas permis, ajoute-t-il, d'avoir d'autres habits ni d'autres chaussures. »

Les prêtres portaient aussi autour du pied de simples bandelettes de papyrus qui, d'après Appien Alexandrin, devaient être de couleur  blanche. Les bas-reliefs recueillis au Louvre nous montrent, en effet, des prêtres égyptiens dont les pieds sont enveloppés ainsi. Se couvrir la peau de vêtements fabriqués avec des dépouilles animales, eût été pour eux une souillure.

Ces bandelettes ne peuvent être regardées comme un
chaussure. Suivant Benoît Baudouin, ce ne sont pas de
bandelettes tressées comme celles des *tabtebs* dessine
à la page 88, pour lesquels on choisissait les membrane
les plus épaisses du papyrus ou de l'écorce elle-même
Ce sont les pellicules les plus minces, celles qui const
tuaient la partie intérieure du papyrus, et qui ordinaire
ment servaient de papier, dont on entourait ainsi les pied
des prêtres. Dans la pensée de Baudouin, les prêtres qui re
couvraient leurs pieds de ces fines membranes pouvaie
être considérés comme marchant nu-pieds. Pour certai
sacrifices et particulièrement ceux faits à Isis , le
prêtres quittaient leurs sandales à l'entrée du temple
on leur garnissait les pieds de ces bandelettes blanche
de papyrus. C'est pourquoi plus tard Tertullien, repro
chant à un sénateur apostat qui avait abandonné l
Dieu des Chrétiens, pour sacrifier à la déesse égyptienr
Isis, s'écrie:

« Ote ta calige gauloise et ceins-toi les pieds de fin
« bandelettes de papyrus. »

Les guerriers qui entourent ou suivent les Pharao
sont aussi quelquefois représentés chaussés, mais seul
ment de la sandale sans pointe.

Tous les artisans représentés sur les peintures conten
poraines de celles qui nous ont fourni les renseignemen
ci-dessus, sont toujours pieds nus. Ils n'ont d'ailleurs pou
tout vêtement qu'un *lumbare* qui prend depuis la cei
ture et tombe jusqu'au-dessus du genou.

Ces dessins, qui nous montrent les Egyptiens occup

à fabriquer leurs produits industriels ou artistiques, sont très nombreux. L'absence de chaussures dans ces peintures, où les plus petits détails sont indiqués avec une fidélité scrupuleuse, prouve évidemment que dans les premiers âges les princes, les princesses, les prêtres et quelques guerriers étaient seuls chaussés.

Les trois sandales dont nous avons reproduit le dessin suffisent pour donner une idée des variations que subissait cette chaussure. La sandale de Séti Ier recevait quelquefois une bride parallèle à celle qui entoure le cou de-pied, mais placée à la naissance des orteils, qu'elle entourait et maintenait. La sandale de Ramsès IX apparaît souvent avec la courbure moins prononcée et moins élevée; souvent encore cette sandale n'a pas la courroie qui soutient le talon et fait là l'office du quartier; enfin, quelquefois, en revanche, elle est munie d'unecourroie qui fait le tour des orteils.

La sandale à pointe était la chaussure des pharaons et des prêtres. La sandale à bout carré plate et sans pointe était affectée à l'usage des reines, des princesses et des jeunes princes. La sandale des princes était quelquefois beaucoup plus épaisse que celle des princesses, ainsi que nous l'avons vu dans une peinture représentant le pharaon Siphta de la XVIIIe dynastie et sa femme Taoussé.

Nous avons trouvé également une variété de sandales qui, bien que semblable par la semelle à la sandale de Séti Ier, porte une courroie qui part du coude-pied et va se fixer en arrière au milieu du talon. La bride qui prend entre les deux premiers orteils et s'attache à la cour‑

roie du coude-pied forme une ellipse dont on aura une idée exacte en regardant la sandale de la reine égyptienne dont nous avons donné le dessin page 75. Seulement au lieu que la courbe de l'ellipse s'élargisse sur le coude-pied, elle commence à l'orteil et va, en s'amoindrissant, se fixer sur le coude-pied. Enfin nous avons vu au pied de Ramsès VII une sandale dans sa plus grande simplicité. Elle n'a pas de pointe, pas de lanière passée dans les orteils; une simple courroie entoure le coude-pied et maintient cette sandale au pied du pharaon.

Tous les dieux égyptiens sont représentés pieds nus. Un seul, un Jupiter-Ammon, dans le grand temple d'Edfou, a sous les pieds des sandales sans attaches, c'est-à-dire de simples semelles.

« Le grand Sésostris, que l'on était habitué à compter parmi les Ramessès ou Ramsès, rois de la XVIIIe et XIXe dynastie, vient d'être déclassé par les égyptologues, dit M. Edouard Charton, et reporté à une époque beaucoup plus reculée. On l'identifie maintenant au Sésourtésen III de la XIIe dynastie. Sur les monuments, il figure avec les dieux et il forme avec eux des triades divines. Il paraît que c'est le seul des Pharaons qui ait été tout à fait adoré comme un dieu. M. Lepsius a entrepris le premier cette rectification historique. M. J. Rougé a achevé la démonstration dans une lettre à M. Alfred Maury (*Revue Archéologique*, 4e année, 1848). Il résulte de cette découverte que ce Sésostris est séparé des Ramsès, avec lesquels on le confondait, par plusieurs dynasties, et notamment par la période barbare des pasteurs ou *hycsos*. »

Nous n'aurons certes pas le pédantisme de nous mêler à ces grandes et savantes discussions : seulement si les petites causes peuvent produire de grands effets, de petits effets peuvent parfois révéler de grandes causes. Dans les nombreuses recherches qu'il nous a fallu faire pour arriver à tracer l'historique de la chaussure égyptienne, nous avons consulté tous les travaux sérieux publiés sur cette curieuse civilisation; et, si nous avons trouvé les pharaons et les prêtres chaussés des fameux *tabtebs* à pointe, et quelques guerriers porteurs de la sandale simple, nous n'avons vu qu'une seule chaussure figurer aux pieds d'un artisan dont nous donnons le dessin page 84. Les artisans de toutes les professions nous apparaissent donc toujours pieds nus sur les mêmes monuments où figurent les portraits des Pharaons. Si l'on peut expliquer cette absence de la chaussure sur les peintures antérieures à l'Exode, comment interpréter ce fait lorsque l'on se trouve en présence des contemporains de Moïse? Chose incontestable, les Hébreux étaient *chaussés*, alors même que Moïse songeait à les délivrer du joug des Egyptiens.

Si ceux que l'on traitait en esclave portaient des chaussures, il fallait que cette partie du vêtement fût d'un usage très commun; et nul doute que les agriculteurs, les pêcheurs, les vignerons, les sculpteurs, etc, n'en portassent également. Nous livrons cette remarque aux commentaires de ces intrépides chercheurs des travaux desquels chacun peut bien comprendre l'importance, mais dont ceux-là seuls, qui comme nous s'en inspirent, savent justement apprécier et admirer la courageuse persévérance.

Dans une des peintures trouvées dans un tombeau de Kourna, à Thèbes, on voit une composition représentent deux personnages et une balance. Dans l'un des plateaux de cette balance est un jeune veau vivant, dans l'autre des rouleaux de métal qui servaient à indiquer le poids de cet animal. Un Egyptien constate la pesée du veau et semble en attendre le paiement ; à côté est l'acquéreur, sans doute un boucher. Voici la figure de ce personnage qui est chaussé de bottes à bouts et à talons carrés. Il tient son couteau de la main droite et la gaîne de la main gauche. C'est la seule *botte* dessinée au pied d'un Egyptien dans l'Atlas de Champollion le jeune et de Rosellini, et c'est aussi, nous l'avons dit, le seul artisan chaussé.

Nous devons cependant constater que dans l'Atlas de Rosellini, au milieu d'un groupe d'agriculteurs, un personnage qui conduit un cheval, sur le dos duquel on charge du blé en gerbes, semble avoir aux pieds une chaussure légèrement indiquée ; assez cependant pour aue sa forme révèle une chaussure en bois, un sabot sans doute, plutôt qu'une chaussure en cuir.

Nous avons aussi trouvé une très curieuse bottine d'un jeune homme désigné comme étranger à l'Egypte : un Ethiopien, ainsi qu'on le verra plus loin. Nous donnons le dessin de la bottine qui le chausse. Elle est en cuir tein-des couleurs suivantes : du jaune au contrefort ; du rose sur l'empeigne qui, comme on le voit, s'arrête à la nais-sance des orteils ; du rouge autour de la cheville ; du rose à la bande intermédiaire sur laquelle on voit trois anneaux ; enfin la bande supérieure divisée en trois com-partiments est rose sur le derrière, bleue au milieu et rouge sur le devant.

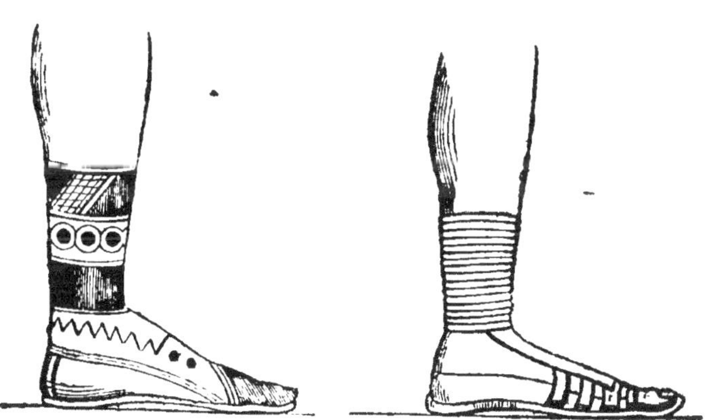

Bottine éthiopienne.　　　Sandale éthiopienne.

Un autre étranger, apportant des tributs, est chaussé d'une sandale beaucoup plus résistante à la marche que la sandale égyptienne. Ces deux personnages, évidemment Ethiopiens, sont indiqués par Champollion-Figeac, comme appartenant à la race *Barabra* (nom donné par les géographes modernes aux indigènes de la Nubie qui habitent depuis les cataractes jusqu'à Ibrim). En voyant l'élégance et le confortable de ces chaussures étrangères, on serait tenté de croire que les Éthiopiens étaient alors en possession d'une civilisation bien supérieure à celle des Egyptiens. Quand on a lu les travaux des Champollion, des Jomard, des Cailliaud, etc., on arrive facilement à penser avec le premier de ces savants *que les origines de l'Egypte sont peut-être dérobées pour toujours à notre légitime curiosité.* A Thèbes, des portions de divers édifices permettent de reconnaître des restes de constructions antérieures, employés comme matériaux dans ces mêmes édifices qui existent aujourd'hui depuis trente-six siècles. Où remonte donc la véritable souche de ces générations successives de ruines? »

M Champollion-Figeac, le frère de celui à qui nous devons tant de découvertes sur l'Egypte, constate encore dans son histoire de l'Egypte (*Univers pittoresque*) que les matières employées dans la chaussure était le papyrus ou le cuir. La chaussure, ajoute-t-il, était vraisemblablement réservée aux classes supérieures. Les femmes portaient une chaussure légère qui enveloppait leurs pieds. Après avoir passé en revue l'état physique moral et politique des Egyptiens, le même écrivain dit encore : « On se fera une idée de l'étonnante perfection de l'industrie égyptienne, qui savait mettre ces matières en œuvre bien des siècles avant le temps que notr

Europe assigne avec tant de confiance aux plus utiles ou aux plus rares inventions dans les arts : et nous n'indiquerons dans cette nomenclature, véritablement historique au plus haut degré, que les objets que nous avons eus sous les yeux. » Une grande partie de ces objets, sinon tous, se trouvent au musée du Louvre où nous avons fait dessiner, d'après nature, les chaussures que nous allons intercaler dans cette description. Nous n'emprunterons à M. Champollion-Figeac que ce qui concerne notre spécialité.

« OBJETS D'HABILLEMENT. — Tunique en toile de coton très fine, avec des ourlets et des reprises, selon l'usage moderne. — Toile de lin. Grande pièce de toile, ayant pu servir de manteau, terminée aux deux extrémités, par des franges en cordelettes. — *Idem* pièce de toile frangée à effilés, ayant servi au même usage que la précédente. — *Cuir maroquiné*. Bandelettes et ornements, avec des sujets frappés sur gomme jaunâtre et représentant plusieurs noms de Pharaons. — Feuille de palmier ou jonc. *Chaussures nommées tabtebs en langue égyptienne*, espèces d'espardilles en feuilles de palmier tressées, arrondies par le bout, imitant la forme de la plante des pieds, avec les restes des cordons destinés à les fixer. — *Tabtebs* terminés en pointe. Deux paires sont faites avec des feuilles de palmier teintes en rouge. — *Tabtebs* terminés par de longues pointes qui, se recourbant sur le coude-pied, servaient de défense naturelle aux orteils. — Feuille de palmier ou jonc. *Tabtebs* avec ou sans pointe, ayant un quartier et les parties latérales de l'empeigne. — Cuir ou cuir maroquiné rouge. *San-*

Tabtebs.

dales d'enfants. — Gomme odorante et cuir maroquiné vert ; cuir maroquiné rouge. *Soulier d'enfant* avec quartier et empeigne. — Cuir peint. *Soulier de femme* avec ornements peints en jaune. — *Cuir maroquiné pourpre.* Paire de *pantoufles doublées* en maroquin rose, rosettes dorées sur le coude-pied et *entre-semelles* de papyrus. — Cuir. — *Sandales d'homme.* — Gomme odorante et cuir. — *Sandales* de diverses grandeurs. — Une paire de demi-bas à jour. — *Sabot* en bois avec une bride en fer. »

Nous avons fait dessiner deux de ces sandales en cuir pour que le lecteur puisse se rendre compte de la simplicité de leur fabrication. Un nœud retient la courroie qui prend entre le gros orteil et le second doigt du pied, et en une simple bande de cuir, passant sous la semelle , sert d'attache à la courroie qui entoure la jambe

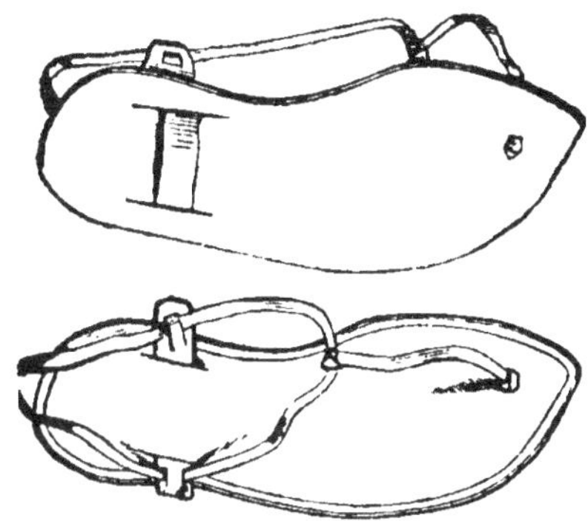

Sandales en cuir.

Une paire de bottines d'homme que nous avons également fait copier d'après nature au musée du Louvre, est d'une assez curieuse fabrication. Il n'y a pas d'autre ouverture que celle qui devait entourer la cheville, les bottines étant mises aux pieds. C'est pourquoi nous donnons à cette chaussure le nom de bottine au lieu de celui

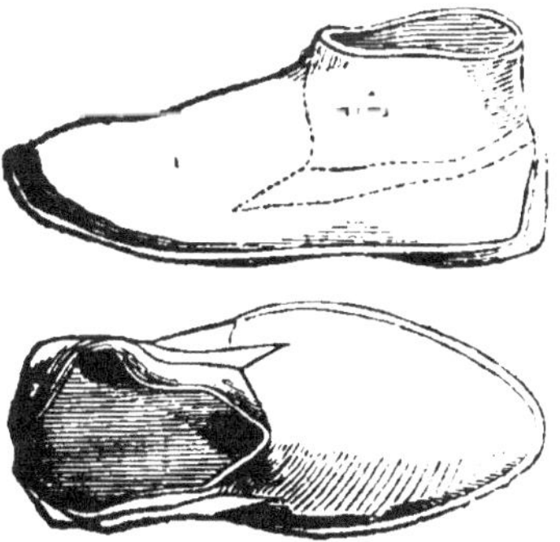

Bottines en cuir.

de soulier qui, à première vue, semblerait être sa déno-

mination propre. La semelle, en cuir un peu plus fort
que celui de l'empeigne, part de l'extrémité de cette empeigne, ainsi que l'indique le dessin du premier soulier,
et atteint le haut du contrefort juste à la hauteur des
lignes brisées qui marquent les coutures.

Dans certains vieux tableaux du Louvre les Juifs sont
représentés chaussés de souliers semblables à ceux-là.

Il est hors de doute que la fabrication de ces chaussures, souliers ou bottines, sandales ou tabtebs remonte
à plusieurs milliers d'années.

Parmi les momies, qui ont été conservées et apportées
en Europe, il en existe aux pieds desquelles on a trouvé
des sandales qui portaient dans la partie intérieure, quelquefois même extérieure de la semelle, des personnages
peints ; des prisonniers, sans aucun doute ; car toujours ils ont les pieds et les bras garrottés. Les diverses
couleurs sous lesquelles ces personnages sont représentés, révèlent évidemment des races étrangères à l'E-
gypte. — Ce sont toujours des hommes ou jaunes
(des Indiens), ou noirs (des Nègres), ou blancs (des Européens ou des Caucasiens) ; jamais d'hommes rouges, couleur typique adoptée par les Egyptiens. Nous avons vu dans le chapitre précédent, que cette action de fouler

aux pieds son ennemi vaincu a toujours été dans les usages des peuples de l'antiquité.

« A l'aide de plusieurs Arabes de Gournah (on écrit aussi *Kourna*) que j'occupai à faire des fouilles, dit Cailliaud, dans son *Voyage à Méroé*, etc., j'ouvris diverses tombes, et j'y trouvai des morceaux intéressants. Parmi ces objets, j'en citerai plusieurs qui attestent le progrès des arts chez les anciens et nous font connaître leurs usages... La fabrication des souliers n'était pas moins parfaite, soit que l'on considère le fini du travail, soit que l'on examine la commodité des formes, la préparation des peaux en maroquin rouge et vert, et la coupe des souliers, si bien adaptés à chaque pied que l'industrie moderne ne paraît pas avoir reculé de beaucoup les limites de l'art.

« Je trouvai des sandales couvertes d'impressions et de dessins, des bottines en maroquin ornées et artistement découpées, des souliers pour le premier âge, des représentations de sandales formées de papyrus et posées sous les pieds de diverses momies. J'en trouvai avec des peintures qui retracent un triomphe ; on y voit la représentation de *pasteurs* ayant les pieds et les mains garrottés. »

Le soulier égyptien dont nous donnons le dessin d'après Cailliaud est d'une confection à peu près semblable aux souliers modernes que fabriquent aujourd'hui encore, pour les ouvriers, les cordonniers des petites localités : les semelles sont traversées par de fortes chevilles que l'on distingue *dessous* comme dessus. La fermeture de ce soulier s'opère d'une façon différente des nôtres : le lacet ou la courroie qui tourne autour du soulier se resserrait à volonté au-dessous du coude-pied ; et l'on serrait plus ou moins fort le soulier en faisant glisser entre les deux ouvertures que forme cette courroie un morceau de cuir ou de bois. Enfin, on fixait le soulier sur le coude-pied à l'aide d'un cordon que l'on nouait dans les deux œillères indiquées sur notre dessin. L'empeigne et le quartier, au lieu d'être comme aujourd'hui faits de deux morceaux, étaient d'une seule pièce : ce qui n'était pas très gracieux au pied.

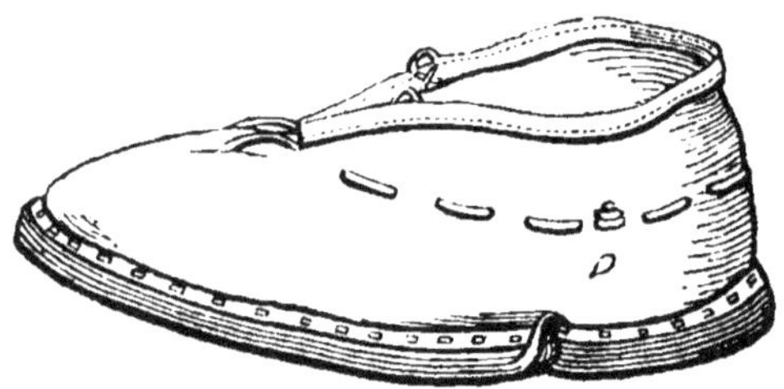

Soulier en cuir.

Au dix-huitième siècle, le duc de Marlborough, qui n'était pas seulement un guerrier célèbre mais encore un chasseur intrépide, fit faire des chaussures fortes pour la chasse, dont la *trépointe* débordait de beaucoup le soulier. Depuis, le nom de *chaussures-Malbroug* resta à ces sortes de chaussures. La différence qu'il y a dans le *Malbroug* moderne et le soulier égyptien, c'est que la trépointe de celui-ci est traversée dans l'épaisseur de la *lisse* par des clous tandis qu'au soulier dit *Malbroug* des gros points artistement piqués maintiennent les semelles. Marlborough, croyant innover, n'avait donc fait qu'imiter les cordonniers égyptiens ; seulement, ce général était un contrefacteur de bonne foi. Rien n'est nouveau sous le soleil.

La sandale égyptienne que nous reproduisons ici, toujours d'après Cailliaud, rappelle l'époque grecque ; elle devait être en usage sans doute sous les Ptolémées. Elle a ceci de particulier, que, contrairement à toutes les sandales grecques, la bande qui entoure le bas du coude-pied, au lieu de passer entre les deux premiers orteils, se fixe entre les deux derniers.

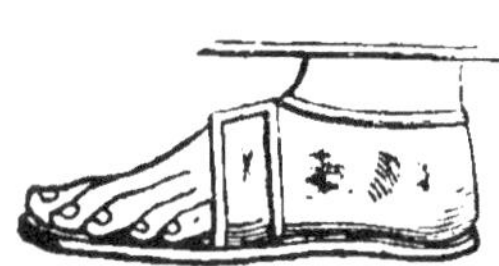

Une autre sandale prise dans le même album et trouvée à Naga (île de Méroé) est d'une fabrication particulière ; c'est un soulier moderne auquel on enlèverait la plus grande partie de l'empeigne.

Enfin, dans cet album, nous avons vu, au pied d'un Egyptien, une sandale primitive qui diffère de toutes celles que nous avons décrites page 81, en ce qu'une partie du talon s'y trouve être emboîtée.

Les Egyptiens étaient un peuple essentiellement producteur et non commerçant, ainsi que l'a constaté Isaïe dans sa prophétie; « le *travail* des Egyptiens et le *commerce* des Ethiopiens. » Contents des richesses que le sol produit, les anciens rois de ce pays prenaient grand soin, dit Strabon, d'éloigner les étrangers de l'intérieur

de leurs états. M. J. Henry, dans son *Egypte Pharaoni-*
que, livre trop peu connu, dit que les arts mécaniques
enfants de l'industrie anté-diluvienne, étaient arrivés che*z*
les Egyptiens par la même voie qu'avaient suivie le*s*
hautes sciences, nées aussi chez ces peuples du premie*r*
âge. « Les arts, nous les trouvons tous cultivés dès l*a*
plus excessive antiquité : les métaux grossiers, les bois*,*
les tissus communs, sont ouvrés ou manufacturés pou*r*
les besoins les plus pressants de l'homme; les métau*x*
précieux prennent sous la main de l'ouvrier mille forme*s*
auxquelles président l'élégance et le goût, afin d'ajoute*r*
quelque chose de plus à l'agrément de la vie; le lux*e*
introduit les riches superfluités; les étoffes de prix, l'or*-*
févrerie et la joaillerie, rivalisent dans les parures somp*-*
tueuses. Tous les arts, tous les métiers, nous apparaisse*nt*
dès l'aurore de l'histoire des temps postdiluviens, transmi*s*
qu'ils avaient été, dans un état plus ou moins avancé d*e*
perfection, par les artistes des premiers temps. »

Sans craindre quelques répétitions nous voulons cite*r*
tout ce que dit, quant à la chaussure des ancie*ns*
Egyptiens, ce savant qui a si merveilleusement étudi*é*
l'ancienne Egypte. « La chaussure, tant des femmes qu*e*
des hommes, consistait en sandales, dont les peau*x*
légères, la feuille du palmier, la pellicule du papyru*s*
formaient la matière; et ces sandales que représente*nt*
assez bien les modernes *alpagates*, s'attachaient avec d*es*
cordons au bas de la jambe. On trouve aussi dans le*s*
tombeaux des souliers de feuilles de palmier ou de peau*x*
de formes différentes et de différentes couleurs; on v*oit*

même des sandales dont la feuille de palmier, qui en fait la matière, est teinte en rouge. Ces sandales, dont le plus souvent la semelle suit exactement la forme de la plante des pieds, comme celle de nos souliers modernes, étaient ou arrondies par le bout ou allongées en longue pointe qu'on recourbait au-dessus du pied, et qu'on fixait même quelquefois dans cette position au moyen de liens attachés sur les côtés, pour que cette pointe, ainsi courbée, pût servir de défense aux orteils. (Voir le second *Tabteb*, page 88.)

« Outre ces différentes espèces de chaussures, on a rencontré fréquemment, dans les hypogées, des semelles en simple toile, sur la partie extérieure desquelles se trouvaient figurés des prisonniers (voir page 90.) Ces semelles de toile étaient destinées vraisemblablement à garnir l'intérieur des sandales fabriquées en tresses de papyrus ou de feuilles de palmier. Quelques sandales de femme étaient garnies d'un bord montant, comme celui de nos souliers. » (Voir le premier *Tabteb*, page 88.)

Nous avons donné la preuve que les grosses peaux de bœufs étaient également employées pour la fabrication de la chaussure ; ainsi sont faites les semelles des sandales représentées par notre dessin, page 70.

La toile était également en usage et doublait les sandales de papyrus et de palmier pour adoucir le contact de ces matières tressées avec le pied nu. Le pied n'était pas toujours nu dans le soulier, puisqu'on a recueilli dans les tombeaux des bas et des demi-bas à jour.

Le cuir généralement employé pour les *tabtebs* de

guerre était incontestablement le cuir de bœuf, dont la viande avec celle du mouton et de la chèvre, devait être d'un usage commun. Les peaux des chèvres et des moutons étaient plus habituellement employées pour les chaussures de dames : aussi a-t-on trouvé dans les tombeaux égyptiens des pantoufles de femme dont la doublure était faite de peau de chèvre teinte en rose, et avons-nous vu des sandales, semblables à celles qui servent aujourd'hui de sortie de bain, dont l'empeigne était faite en peau de mouton.

S'il y avait des souliers en cuir, ainsi que l'indiquent nos dessins, les souliers égyptiens étaient souvent aussi des espèces de chaussons, fabriqués le plus généralement, comme les sandales, de matières végétales ou de peaux coloriées.

Du reste, à part la botte que l'on trouve aux pieds du boucher égyptien, page 84, nous n'avons pas vu une seule chaussure à *talon*.

La chaussure de bois était connue des Egyptiens, puisque l'on a trouvé un sabot dans les tombeaux.

Quant à la teinture des peaux, elle pourrait défier nos procédés contemporains ; et il n'est pas bien certain que nos maroquins soumis à l'action du temps pendant quatre mille ans pussent montrer leurs couleurs diverses aussi éclatantes qu'elles le sont sur les peaux dont nous avons parlé plus haut.

Les sandales des Pharaons étaient, à l'intérieur comme à l'extérieur, généralement fabriquées avec du cuir teint de diverses couleurs. On peut constater ce fait en examinant les sandales que portaient suspendues à leurs bras les *coureurs* qui, en temps de paix comme en temps de guerre, précédaient les chars des rois. Ces sandales sont là sans doute par précaution prise contre les accidents qui pouvaient faire rompre celles des pharaons. Les coureurs ont aux pieds des sandales simples ; on ne peut donc supposer que celles qu'ils ont en réserve leur soient destinées.

La pelleterie, comme la maroquinerie, ainsi qu'il est démontré par les magnifiques dessins trouvés dans les hypogées et reproduits par Champollion le jeune, était arrivée à un haut degré de perfection. Les peaux de tigre et de lion qui servaient de tapis n'auraient rien à envier à l'art de nos pelletiers modernes.

Les jarretières, comme on verra plus tard les *périscelides* orner capricieusement les jambes des Grecs et des Romains, furent aussi en usage en Egypte ; mais nous n'en trouvons qu'aux pieds des princes enfants dont ils semblent avoir été un signe distinctif, alors qu'ils se mêlaient dans les exercices gymnastiques, jeux exclusivement réservés aux fils des hommes de la caste guerrière. Ces jarretières étaient quelquefois brodées en perles.

Nous avons vu plus haut que l'on a trouvé, dans les diverses fouilles faites dans les hypogées, des *souliers d'enfant;* ce qui prouve que tous les enfants n'allaient pas pieds nus, ainsi que l'a affirmé Diodore.

Au moment de terminer ce long chapitre , nous sentons bien qu'il existe dans notre travail une lacune que plus tard peut-être d'autres viendront combler. Il nous paraît impossible que les Egyptiennes, dont la grande coquetterie est constatée non-seulement par mille bijoux en or, enrichis d'émaux, de pierreries, de lapis-lazuli, de cornaline, de corail, de spath vert, par les colliers, les bagues, les boucles d'oreilles; mais encore par certaines habitudes, celles de se peindre les ongles, par exemple, de remplacer les cheveux absents par des coiffures postiches, etc., etc.; il nous semble impossible, disons-nous, que la chaussure n'ait pas joué un rôle plus éclatant dans la toilette si recherchée des dames Egyptiennes. Nous nous consolons de notre impuissance en son geant que la dernière histoire de la chaussure, publiée en 1852, après avoir donné seulement le dessin de la sandale du roi Séti Ier, et des bandelettes en papyrus des prêtres égyptiens, terminait ainsi son très court article sur l'Egypte ancienne :

« Malgré nos recherches, voilà tout ce que nous avons pu recueillir au point de vue de la chaussure chez les Egyptiens; encore ces documents laissent-ils l'esprit dans une grande incertitude. Car si nous sommes bien convaincus que les Egyptiens se couvraient le pied, soit avec des bandes de papyrus, soit avec la sandale, nous ignorons tout à fait de quelle manière ces chaussures étaient faites. La semelle était-elle en métal, en bois ou en cuir? Le cuir était-il préparé avec des acides, de l'alun ou une autre substance? Les courroies étaient-elles de lin ou de peau? Enfin y avait-il une classe d'hommes chargée de cette industrie? Aucun de ces points n'a été résolu et probablement ne le sera jamais, à moins qu'un autre Pietro della Valle ne retrouve une sandale qui puisse nous révéler comment cet art s'exerçait à une époque si reculée. »

Il nous reste, pour répondre complétement à ces interrogations, à voir quelle était alors la situation faite aux hommes de la classe populaire et conséquemment aux cordonniers égyptiens.

Le gouvernement des pharaons fut loin d'être aussi paternel que certains historiens enthousiastes l'ont dépeint. Si la puissance de ces rois est attestée par les gigantesques monuments dont l'Egypte est encore si riche aujourd'hui, quelle laborieuse patience ou plutôt quelle effrayante servitude ne révèlent-ils pas ! Le gouvernement de l'Egypte fut l'un des plus absolus et des plus despotiques dont l'antiquité nous ait laissé le souvenir. « Est-ce un gouvernement modéré et paternel, s'écrie M. Henry, que celui où le prince, pour le prix de quelques raves et de quelques oignons, fait travailler pendant vingt ans plus de trois cent mille de ses sujets à lui construire un tombeau gigantesque, et qui, maudit par tous, finit par demander en grâce de n'y pas être enfermé, de peur que la haine publique, l'y poursuivant, ne se venge enfin sur ses restes ; où on envoie le peuple, par corvées de cent mille à la fois, traîner des monolithes et périr à la peine ! »

Les Egyptiens se divisaient en trois castes rigoureusement séparées : la caste sacerdotale, la caste guerrière et la caste populaire.

Les deux premières de ces castes étaient heureuses et puissantes. Quant aux pharaons, ils étaient possesseurs d'un tiers des terres de l'Egypte et ils recevaient encore, sur les deux autres tiers, des redevances qui, sous Joseph, fils de Jacob, et après lui, furent d'un cinquième du produit. La caste sacerdotale était exonérée de ce pesant impôt. Un pharaon, Mœris, abandonne à sa femme, *pour sa toilette*, le produit de la pêche du lac Mœris. Le revenu annuel de ce lac n'était pas moindre de deux millions de nos francs ! Dans quelle situation pénible devait donc se traîner la classe populaire, la troisième et la plus nombreuse, celle qui devait prendre sur son travail de quoi entretenir si fastueusement les deux castes privilégiées, et tout ce gouvernement à la fois autocratique et théocratique, car lorsque le pharaon ne sortait pas de la caste sacerdotale, il devait être initié aux mystères de la religion égyptienne dont il devenait le chef ?

Les classes populaires ne sont jamais heureuses d'ailleurs sous la domination de ceux qui n'ont pas foi en elles. Les prêtres et les pharaons étaient loin de croire à l'intelligence des masses : il est constant aujourd'hui que ces mystères gardés si précieusement par les prêtres de l'Egypte, ne sont autre chose que la connaissance plus ou moins exacte de la création du monde et surtout la croyance en un Dieu unique. Jamblique, très-curieux scrutateur de la philosophie des anciens siècles, dit M. Champollion-Figeac, savait, d'après les Egyptiens eux-mêmes, qu'ils adoraient un Dieu maître et créateur de l'univers, supérieur à tous les éléments , par lui-même immatériel, incorporel, incréé, indivi-sible, invisible, et tout par lui-même et en lui-même , et qui , comprenant tout en lui, se communiquait à tout. « Et la doctrine symbolique, ajoute le philosophe que nous citons, nous enseigne que par le grand nombre des divinités elle ne montra qu'un seul Dieu, et, par la variété des pouvoirs émanés de lui , l'unité de son pouvoir. C'est ainsi que parlaient les philosophes égyp-tiens eux-mêmes , et qu'ils s'exprimaient dans leurs livres sacrés. »

Moïse, élevé et instruit par les prêtres égyptiens, eut foi dans l'intelligence des masses. Ce qui le place à la tête des plus grands hommes de l'antiquité , c'est que, le premier, il eut la pensée sublime et la persévérante volonté d'arracher ces masses à l'idolâtrie. Oui , et ce sera son éternel honneur, le premier il crut possible de faire partager à *tous les hommes* cette croyance féconde que seuls alors avaient les prêtres égyptiens ; car, en-core une fois, il ne faut pas oublier que ces multitudes de dieux qu'on laissait adorer au vulgaire n'étaient aux yeux des prêtres que la personnification des divers at-tributs du Dieu unique.

Moïse fit donc passer dans l'esprit des Hébreux et des Egyptiens qui l'avaient suivi, ce dogme puissant que, dans son dédain pour les intelligences obscurcies des masses, la caste érudite des prêtres avait confisqué depuis tant de siècles.

Croire en un Dieu unique, c'est reconnaître que tous

les hommes sont les fils d'un même père ; c'est accepter l'Egalité et la Fraternité, ces deux sœurs ainées de la Liberté.

Il est donc bien certain que, sous les pharaons, la classe populaire ne fut pas heureuse. Cela explique plus facilement pourquoi les monuments nous montrent les agriculteurs, les sculpteurs, les peintres, les cordonniers, les charpentiers, enfin tous les hommes composant cette troisième caste, vêtus simplement d'un *lumbare*, espèce de caleçon de bain, tandis que les hommes des autres castes sont représentés avec des vêtements élégants et luxueux. En vain objecterait-on la douceur du climat; le climat était le même pour tous. Un fait significatif, d'ailleurs, c'est de voir un grand nombre d'Egyptiens fuir au désert avec Moïse Ils n'auraient pas suivi volontairement un étranger, si leur existence eût été facile et douce sous leurs rois.

Diodore de Sicile, qui fait du gouvernement des pharaons un régime doux et bienveillant pour les peuples, et nous montre ces princes comme des modèles de sagesse et de modération, dit formellement que la caste populaire était exclue de toute participation à la possession du sol égyptien. Ce sol était partagé entre le roi et les deux castes privilégiées.

Nous n'avons rien trouvé qui pût infirmer cette assertion de Diodore en ce qui concerne l'époque pharaonique ; mais lorsque l'Egypte eut passé des mains des pharaons aux mains d'Alexandre, puis, à la mort de ce conquérant illustre, dans celles des Ptolémées, nous avons la preuve écrite qu'il n'en était pas ainsi. M. J. Henry dit que les usages anciens ayant été généralement respectés et maintenus par les rois grecs, on doit en inférer sans doute que, sous les Pharaons comme sous les Ptolémées, des portions de terrain purent être possédées par des gens de métier.

Voici un contrat que nous publions en entier parce qu'il touche de près à la cordonnerie; en effet, les *pétolitostes* ou *pétóliostes* dont il est parlé dans ce contrat, étaient probablement des *lisseurs*, *étireurs*, ce qu'on appelle aujourd'hui en corroierie des *finisseurs*, ceux enfin qui mettent la dernière main au travail des peaux destinées aux cordonniers. Nous pourrons tirer de cette pièce curieuse, déchiffrée par des savants de l'Académie de Berlin, plus d'une induction sérieuse.

« Sous le règne de Cléopâtre et de son fils Ptolémée,
« surnommé Alexandre, dieux Philométores, Sotères,
« en l'an douze, qui est aussi le neuvième, sous le
« pontife résidant à Alexandrie d'Alexandre, et des dieux
« Sotères, et des dieux Adelphes, et des dieux Ever-
« gètes et des dieux Philopatores, et des dieux Epi-
« phanes, et du dieu Philométor, et du dieu Eupator,
« et des dieux Evergètes; sous l'athlophore de Béré-
« nice Evergète et la canophore d'Arsinoé Philadelphe,
« et de la déesse Arsinoé Eupator, dans Alexandrie; à
« Ptolémaïs, en Thébaïde, sous les prêtres des deux
« sexes de Ptolémée Soter, qui sont à Ptolémaïs; le
« 29 du mois de Tybi; sous Apollonius, préposé de
« *l'agoranomie*, durant ce mois, près de l'administra-

« tion chargée des fonds de terre nus dans le *ta-*
« *thyrites.*

« A vendu Pamonthès..., de couleur noire, beau,
« long de corps, de visage rond, nez droit ; ainsi que
« Enachomneus..., de couleur jaune, aussi de visage
« rond, nez droit ; et Semouthès Pannei..., de couleur
« jaune, visage rond, nez un peu aquilin, boufli ; et
« Melyt Persinei....., de couleur jaune, de visage
« rond, nez droit ; avec leur maitre (Κυριον) Pamon-
« thés, co-vendeurs, tous quatre de la corporation
« des *Pétolitostes* ou *Pétôliostes* parmi les ouvriers
« en cuir memnonien, un fonds de terre nu, à eux
» appartenant, dans la partie sud des Memnoniens,
« un espace de 5,050 coudées d'étendue. Les voisins
« du Sud, la rue Royale ; du Nord et du Levant, les
« fonds de Pamonthès et Bokon-Ermios, son frère, et les
« terres communales ; du couchant, la maison de Té-
« phès, fils de Chaloma ; passant au milieu...... voisins
« de toutes parts.

« A acheté Nechouthès, petit.. de couleur jaune, agréa-
« ble, de visage long, nez droit, une cicatrice au milieu
« du front (pour le prix de) 601 pièces de cuivre : les
« vendeurs étant les courtiers et les garants de ce qui
« est relatif à cet achat.

« A accepté Nechouthès l'acheteur. » *Suivent les signa-*
tures ; puis à la marge de droite on lit :

« En l'an 12e, qui est aussi le 9e, le 20e de Pharmouthi,
« sous la..., sous laquelle Di.... était préposé aux contri-
« butions (*diagraphœus*); Chotleuphès, préposé en second

« (*hypographœus*), Héraclides, contrôleur de l'achat (*anti-*
« *graphœus*); Néchoutès, petit..., un fonds de terre nu,
« de 5,050 coudées...., situé dans la partie sud des
« Memnoniens, qu'il a acheté de Pamonthès, et aussi
« d'Enachomneus, lequel a signé avec ses sœurs, pour
« 601 pièces de cuivre. » (*Revue Encycl.*, *mai* 1821.)

Ce contrat qui remonte à près de deux mille ans nous
prouve que certains métiers formaient alors des *corpo-*
rations et que les rapports d'ouvriers à maitres pouvaient
avoir parfois le caractère de l'*association ;* car Enachomneus, Semouthès Pannéi, et Mélyt-Persinei ont vendu
ainsi que Pamonthès, leur *maître et co-vendeur*, une
portion de terre à Nechouthès.

L'acte est fait comme de nos jours, sous l'invocation des
dieux et de l'autorité. Il contient les prénoms et les noms
des parties : les points qui suivent chaque nom indiquent
une lacune, celle laissée par le sobriquet qui sur l'original
accompagne ces noms, et que l'on n'a pu lire; enfin l'en-
registrement donne une date certaine. Une précaution
de plus prise par les anciens, et ce n'est pas la particularité la moins curieuse du contrat, c'est le signalement des parties. Dans quels cruels embarras se trouve-
raient placés nos fonctionnaires, si cet usage était resté
en vigueur ! A notre époque où la politesse prend parfois des formes si obséquieuses, comment auraient-ils fait
par exemple, pour accompagner un nom de ces épithètes,
petit, boiteux, grêlé et d'un abord désagréable ? Le
lecteur ne voit-il pas d'ici les hésitations de ce pauvre notaire qui a déjà tant de peine à constater les quarante-

cinq printemps d'une cliente qui prétend en avoir trente à peine ! Ce signalement tenaît sans doute lieu d'état civil.

La caste populaire était composée des hommes qui se livraient aux divers travaux des champs, des artisans gens de métiers), des marchands, enfin des navigateurs et de tous ceux qui s'occupaient de l'art nautique ou de transactions maritimes. Pour ces derniers, les Egyptiens avaient peu de sympathie, en raison des rapports qu'ils avaient forcément avec les étrangers. L'Egypte sous les Pharaons, fut longtemps fermée aux autres peuples, comme l'était encore la Chine avant les traités récents.

Dans l'Egypte ancienne, nul ne pouvait choisir un autre métier que celui de son père, si l'on en croit plusieurs historiens qui s'autorisent sans doute encore de Diodore de Sicile, dont l'affirmation est précise. Cette loi fut peut-être en vigueur chez les Pharaons, mais il y était fait souvent des exceptions, ainsi que nous allons le démontrer. Dans tous les cas, il faudrait plaindre les Egyptiens d'avoir eu à subir une règle aussi absurde qui, en emprisonnant toute une génération dans un métier, devait rendre à beaucoup le travail répugnant : le travail forcé manque souvent d'attraits.

Rosellini dit que l'étude des monuments lui a révélé des infractions à cette loi. Sans trop nous arrêter sur l'exemple de Joseph devenu ministre d'un pharaon, parce que les Hycsos qui régnaient alors sur l'Egypte pouvaient faire bon marché des lois primordiales d'un pays qu'ils avaient conquis, nous allons donner un exemple plus éclatant encore des exceptions qui pouvaient être faites à cette règle aristocratique.

Sans le secours d'aucun prince, Amasis put sortir des rangs du peuple pour passer dans ceux des guerriers et parvenir au trône des anciens pharaons. Il est vrai que ce fait remarquable eut lieu 569 ans seulement avant Jésus-Christ. Ce roi donna un élan nouveau au commerce de l'Egypte, en levant en partie les barrières qui interdisaient l'entrée de ce pays aux étrangers, et en permettant aux Grecs de s'établir à Naucratis. Cependant, son origine obscure lui valut pendant longtemps une espèce de dédain dont il se vengea d'une façon assez piquante pour que nous la rapportions ici.

Dès la plus haute antiquité, les Egyptiens, bien qu'ils prissent leurs repas assis et non couchés comme les Romains, avaient l'habitude de faire enlever leurs chaussures par des esclaves qui ensuite leur lavaient les pieds et les mains avec de l'eau parfumée. Les serviteurs d'Amasis avaient, pour l'usage de ce prince et de ses convives, une cuvette d'or. Amasis fit briser cette cuvette, il en fit fondre les débris qui furent transformés en une statue représentant un dieu aimé du peuple. Cette statue fut exposée sur une place très fréquentée de la ville. Tous les habitants accoururent en foule l'adorer et lui rendre les plus grands honneurs. Amasis quelque temps après réunit les Egyptiens et leur dit : « Cette statue a été faite avec une cuvette qui servait à laver les pieds, et que l'on a souvent employée à des usages plus vils ; cependant elle est l'objet de vos adorations. Il en est de moi comme de ce bassin : autrefois j'étais un homme d'une origine obscure ; depuis j'ai mérité d'être votre roi. Aujourd'hui j'ai donc droit à vos respects et à vos hommages. »

Nous terminerons ce chapitre en constatant que, d'après Hérodote, *le revenu d'une ville fut assigné à une reine d'Egypte pour sa chaussure.* Sans doute les pierres précieuses étaient employées dans la fabrication des chaussures de cette reine.

L'or, les diamants et les perles, nous le verrons bientôt, furent d'un fréquent usage dans l'ornement de certaines chaussures de l'antiquité.

CHAPITRE IV.

ASIE.

De la chaussure chez les Sères (Chinois et Japonais), les Indiens, les Mèdes, les Perses, les Parthes, les Scythes, les Arméniens, les Assyriens, les Phéniciens, les Syriens, les Cariens, les Lydiens, les Bithyniens et les Phrygiens.

Nous n'avons que très peu de documents sérieux sur la chaussure des peuples primitifs de l'Asie. Cette immense partie de la terre, dans la plus haute antiquité et encore dans le moyen âge, a été cependant le centre du plus grand commerce du monde. Elle dispute à l'Egypte l'honneur d'avoir servi de berceau au genre humain. Dans la partie méridionale de ce continent tout croît sans effort sous les rayons d'un soleil ardent et fécond ; nulle part sur le globe, la terre ne se montre plus exubérante de richesses et de libéralités ; aussi est-ce vers le centre, en Mésopotamie, entre les deux célèbres fleuves du Tigre et de l'Euphrate, que la Genèse place le premier séjour de l'homme après la création.

Si, à propos des peuples de l'antiquité, nous nous reportons aux peuples de l'orient de l'Asie, c'est qu'à l'époque où l'histoire commence pour nous à s'en occuper, ces peuples se trouvaient dejà en possession d'une civilisation très avancée et de procédés industriels tellement perfectionnés que, par induction, il devient rationnel de leur accorder une très haute antiquité. Il est permis sans trop de témérité de penser que la civilisation des Chinois et des Japonais était contemporaine de celle des Assyriens, des Mèdes, des Perses, etc., etc.

L'origine de plusieurs arts et professions actuellement en usage chez les Chinois est attribuée par eux à des individus dont l'existence remonte à une antiquité qui semble fabuleuse, si l'on accepte comme point de départ notre ère vulgaire. Ce qui est constant, c'est que, d'après M. Champollion-Figeac, des débris de l'industrie chinoise ont été recueillis sur le sol de Thèbes, dans des fouilles profondes ; que des personnages, indubitablement Chinois de physionomie et de costume, se retrouvent peints par des Egyptiens au nombre des peuples étrangers représentés dans un des plus anciens tombeaux de la même ville ; enfin, que les certitudes historiques dans les Annales de la Chine remontent à plus de six siècles au-delà des temps de la restauration de la monarchie égyptienne, après la fin des Pasteurs.

Il est donc supposable que ce peuple qui a su porter si haut la fabrication des étoffes, de la soie, des meubles, des vases, des instruments, des outils, des toiles, etc., n'a pas dû rester en arrière dans l'art du vêtement.

Nous pensons que la forme de leurs bottes relevées du bout, dont la tige monte seulement aux mollets en s'élargissant assez pour servir de poche, ainsi que la forme de leurs souliers bateaux, pointus du bout et relevés comme leurs bottes, datent de la plus haute antiquité ; car les Chinois sont presque invariables dans leurs modes.

Les types de chaussures chinoises en notre possession étant de fabrication et d'importation récentes, nous n'osons les reproduire dans ce livre où nous n'avons admis que les dessins de chaussures dont l'antiquité est authentique.

Les JAPONAIS sont, en civilisation et en industrie, les élèves des Chinois ; et leur chaussure a dû primitivement être celle employée dans la Chine.

Les premiers INDIENS marchaient pieds nus ; quelques-uns, suivant Benoît Baudouin, se chaussaient d'écorce d'arbre, ou de peaux brutes dont ils dépouillaient les bêtes tuées dans leurs chasses.

Les monuments égyptiens nous montrent plusieurs combats entre les Indiens et les Pharaons. S'il nous a été impossible de constater sur ces peintures la forme des chaussures des Indiens, l'élégance de leurs costumes ne permet

pas de croire qu'ils aient négligé cette partie si intéressante du vêtement, en même temps qu'elle laisse supposer que, dès la première période de l'époque pharaonique,
la civilisation de certaines parties de l'Inde était déjà
florissante.

« Sous Sésostris, des communications régulières entre
l'Egypte et l'Inde avaient été établies. Le commerce entre
les deux pays avait alors une grande activité : la découverte fréquente, dans les vieux tombeaux égyptiens, de
toiles et d'étoffes de fabrique indienne, de meubles en
bois des Indes et de pierres dures taillées, venant certainement du même pays, ne laissent aucun doute sur l'état
prospère des relations commerciales entre l'Inde et l'E-
gypte, à *cette époque où les peuples européens et la plupart des nations asiatiques étaient encore opprimées* par
la barbarie, et c'est ainsi que Thèbes et Memphis se montrent comme les premiers centres de commerce, avant
que Babylone, Tyr, Sidon et Alexandrie héritassent suc-
cessivement de ce beau privilége. — Champ.-Fig. »

Dans les dessins de Champollion le jeune, on voit un
magnifique bassin en bronze, reproduit d'après les peintures trouvées à Thèbes, dont les supports sont deux
personnages en pied, deux prisonniers, que nous croyons
être des Indiens. Leur coiffure est la même que celles
dont sont ornées les têtes des soldats indiens représentés
dans les combats dont nous venons de parler ; leur robe
est riche et très ornée. Ils portent des sandales, qui non-
seulement garnissent la plante de leurs pieds, mais en
garantissent encore les côtés. Les parties latérales de

cette chaussure vont en s'élargissant vers le talon, de façon à l'emboîter presque en entier. Cette chaussure, dont un soulier de femme, auquel on enlèverait la partie de l'empeigne qui couvre les orteils, donnerait une idée exacte, est retenue aux pieds à l'aide d'un cordon qui passe dans des œillets faits de trois en trois centimètres environ et vient se fixer au bas de la jambe.

Dans la *Description des Indes* d'Arrien, nous voyons que le vêtement des Indiens était fait d'une robe de lin qui descendait jusqu'aux jambes, que leurs coiffures retombaient jusque sur les épaules. Les Indiens riches avaient aux oreilles des pendants en ivoire. Pour se garantir du soleil, ils portaient des parasols. Leurs barbes étaient peintes en couleurs diverses, de telle sorte que les unes étaient blanches, et les autres vertes ou bleues. Enfin, leurs souliers étaient fabriqués en cuir blanc très bien préparé ; ces souliers avaient des talons hauts qui élevaient leur taille déjà grande.

Un roi indien, Sopithes, qui, suivant Quinte-Curce, se rendit à Alexandre le Grand, portait une robe chamarrée d'or et de pourpre, qui lui couvrait aussi les jambes, et des sandales d'or enrichies de pierreries. Ses poignets et ses bras étaient couverts de bracelets de perles. Deux grosses pierres précieuses de la plus belle eau lui servaient de pendants d'oreilles.

Il était d'usage, lorsque les rois indiens donnaient audience à des ambassadeurs ou rendaient la justice à leurs peuples, de leur ôter leurs riches sandales et de leur frotter les pieds avec des parfums.

Dans ces temps où, suivant le récit d'Arrien, la chaussure en cuir blanc était déjà très usitée, les Indiens pauvres se servaient encore de chaussures en écorce d'arbre. En effet, Philostrate, racontant la vie d'Apollonius de Tyanes, affirme qu'il était alors dans les habitudes des Indiens de se faire des chaussures avec des écorces d'arbre. Ce fait est d'ailleurs très croyable puisqu'aujourd'hui beaucoup d'Indiens vont nu-pieds et beaucoup aussi ne chaussent que la sandale, bien que, dans certaines contrées de l'Inde moderne, la chaussure soit arrivée à un luxe inconnu chez les peuples de l'Europe.

Nous ne savons rien sur la chaussure primitive de Mèdes et des Perses. A partir de l'époque de Cyrus, nous trouvons dans les auteurs anciens quelques renseignements qui ne sont pas sans intérêt. Cyrus, dit Xénophon, fit prendre aux Perses le costume des Mèdes qu'il adopta lui-même et le fit porter aux grands de son royaume. Cet habillement avait le double avantage de faire paraître les hommes plus beaux et plus grands; car *la chaussure médique était faite de manière qu'on pouvait placer dedans, sans qu'on s'en aperçût, de quoi agrandir la taille.* Cyrus approuvait que les Perses se peignissent les yeux afin de les rendre plus vifs, et qu'ils se fardassent le visage pour relever la couleur naturelle de leur teint.

Nous donnons ici la copie d'une chaussure d'homme dessinée d'après la statue d'un monument de Persépolis. Cette chaussure ouverte sur le coude-pied, sans doute

celle qu'Hérodote et Strabon nomment brodequin, était garnie de quatre pattes qui, se fixant sur le coude-pied, avaient

Chaussure des Mèdes.

pour but d'en cacher l'ouverture. Ces pattes étaient
larges ; et, en supposant que l'intérieur de cette espèce
de bottine fût garni de semelles superposées destinées
à élever le pied, l'ouverture du coude-pied, ne pouvant
plus alors se rapprocher, se trouvait être dissimulée
sous ces quatre pattes ou bandes, qui servaient en
même temps d'ornement.

Suivant Strabon, les mœurs des Mèdes et des Perses
se rapprochaient en beaucoup de choses. Les enfants portaient des ornements d'or et ne paraissaient point en
présence de leur père avant l'âge de quatre ans. Depuis
cinq ans jusqu'à trente-trois, ils apprenaient à lancer le
dard, à monter les chevaux. Arrivés à l'âge fait, ils étaient
armés d'un bouclier fait en forme de rhombe ; ils avaient
en outre des arcs et des carquois, des sagaris, des copi-
des. Les princes portaient une triple anaxyride et
une double tunique à manches, descendant jusqu'aux
genoux, dont le dessous était blanc et le dessus orné
de fleurs. L'été, ils avaient un vêtement couleur de pour-

pre ; pendant l'hiver, ce vêtement était toujours orné de fleurs. Ils portaient pour coiffures des tiares et des infules semblables à celles des mages, c'est-à-dire serrées et pendantes des deux côtés, de façon à couvrir les oreilles et les joues ; ils avaient des *chaussures élevées et doubles*. Les hommes du peuple portaient une double tunique descendant jusqu'au milieu des jambes et ils avaient autour de la tête un morceau de toile ; tous étaient armés de l'arc et de la fronde.

Les Perses et les Mèdes avaient donc déjà poussé le luxe à des proportions rares. En étudiant les monuménts qui nous restent, on trouve leurs chaussures plus gracieuses que celles des peuples leurs voisins ; nous donnons ici le dessin d'une *bottine* copiée sur une statue

Bottine des Perses.

qui est à Rome, dans la cour du Capitole. Les Perses laçaient cette bottine autour du coude-pied à l'aide d'un cordon. Le jaune était la couleur à la mode.

Xénophon nous apprend encore que Cyrus avait la

tête coiffée d'une tiare qui s'élevait en pointe ; que sa tunique était entremêlée de pourpre et de blanc, habillement
réservé au roi, et qu'il avait aux pieds des *brodequins*
couleur de feu. Sous le nom de brodequin, Xénophon
désignait sans doute une bottine semblable à la bottine
des Mèdes, seulement un peu plus haute de tige, car les
Perses avaient des chaussures qui montaient à mi-jambe.
Faisons remarquer ici que le brodequin des anciens
n'avait pas de talon.

Ce luxe dans le costume des Perses ne diminua pas
sous les successeurs de Cyrus, et Charès de Mitylène dans
son *Histoire d'Alexandre* dit que l'on faisait, avec des pierres précieuses, des colliers, des bracelets et des cordons
pour les pieds, que les Mèdes et les Perses préféraient
aux cordons d'or. Suivant Athénée, Démétrius sur-
passa les rois de l'Asie par sa magnificence. La chaussure qu'il fit faire lui couta une somme considérable :
c'était une espèce de brodequin en feutre, de la couleur
de pourpre la plus précieuse ; l'art y avait représenté,
de tous côtés, divers dessins en or formant de très riches broderies. Ses chlamydes étaient de couleur brune,
mais d'une couleur brillante ; on y avait tissé un ciel
parsemé d'étoiles d'or et représentant les douze signes
du zodiaque. Une bande d'étoffe rehaussée d'or serrait
sa tiare de pourpre, et revenait par derrière faire tomber les extrémités de ses franges.

Hérodote nous apprend, enfin, qu'en Perse plusieurs
villes payaient aux reines des revenus annuels pour l'en-
tretien de leurs ornements de toilette. Ces dépenses

étaient assez importantes pour qu'une seule ville ne pût s'en charger entièrement. Une ville payait donc pour les ornements de la tête, une autre pour ceux du cou ; celle-ci pour les bras, celle-là pour les pieds... Heureux peuples !

L'ancienne Médie forme deux grandes provinces de la Perse actuelle, l'Aderbidjan et l'Irak-Adjémi. La province de Perse proprement dite comprenait la majeure partie de l'Iran actuel ; elle avait pour capitale Persépolis, dont il ne reste plus que des ruines splendides. Elle correspond au Farsistan, la plus riche des provinces de la Perse moderne. Lors de la conquête d'Alexandre, l'empire des Perses, sous Darius III, comprenait toute l'Asie des confins de l'Inde à la Méditerranée, et l'Egypte même qui devint momentanément une province de la Perse.

Voici le dessin de la chaussure d'un roi PARTHE, copié sur l'arc de Constantin. Cette chaussure évidemment primitive devait s'ouvrir sur le coude-pied. Dans ce vaste empire des Parthes, qui étendit sa domination sur presque toute l'Asie, et qui fut détruit 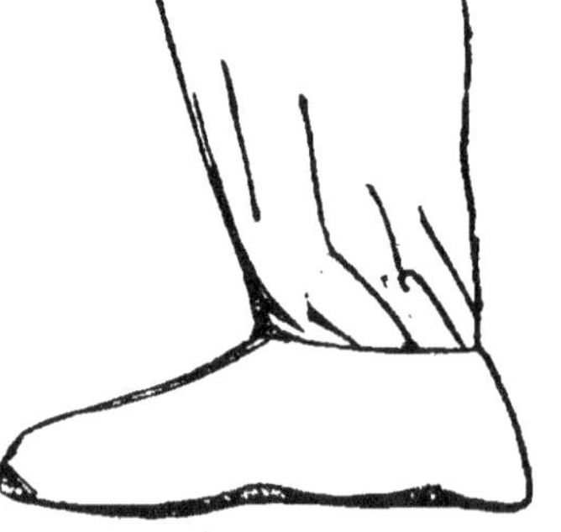 l'an 296 de notre ère, les chefs militaires avaient une chaussure couverte qui leur enveloppait entièrement le pied. Les autres dignitaires de l'empire portaient aussi des chaussures ; mais le peuple et les soldats allaient pieds nus. Les Parthes sont cependant signalés par plusieurs historiens comme des premiers qui aient su préparer le cuir.

Le luxe des grands dignitaires a été constaté ainsi par Tertullien : les plis de leurs ceintures dérobent la vue des émeraudes ; leurs épées cachées dans leur sein connaissent seules les pierres cylindrines qui ornent leurs fourreaux ; la boue ronge et ternit les pierreries qui décorent leurs chaussures.

Nous n'avons pu trouver un seul dessin authentique représentant une de ces riches chaussures.

La Parthie correspond à la région orientale de l'Irak-Adjémi et à l'occidentale du Khorassan.

Nous ne savons rien du costume des anciens Arméniens. Le sol montagneux de ce pays devait nécessiter des chaussures résistantes pour la marche. D'après une note trouvée dans Willemin, nous voyons que les satrapes de la petite Arménie, devenue province romaine, portaient des brodequins de pourpre qui montaient jusqu'aux genoux, brodequins que pouvaient seuls chausser l'empereur romain et le roi de Perse.

La Scythie occupait la contrée connue aujourd'hui sous le nom de Tartarie. Les Scythes se chaussaient avec des souliers dont la forme rappelle nos souliers napolitains, un peu moins montants cependant, car ils s'arrêtaient à la cheville.

La bottine scythe que nous reproduisons ci-après d'après les *Voyageurs anciens de* M. E. Charton, a été copiée sur un vase en électrum trouvé dans le tombeau royal de Koul-Oba. Si on coupait la tige de cette bottine

Bottine scythe.

juste à la hauteur de la cheville, on aurait le modèle exact du soulier que les Scythes portaient.

Quelquefois la bottine scythe était un peu plus haute de tige que celle indiquée par notre dessin.

— Nous allons parler des Amazones, femmes guerrières, qui, selon les anciens, auraient habité, sur les deux rives du Thermodon, aujourd'hui le Thermeh. Ces Amazones, après avoir subjugué une grande partie des côtes occidentales et septentrionales de l'Asie-Mineure, auraient fondé Éphèse, Smyrne, Thyatire, Magnésie et établi leur siége principal dans la plaine de Thémiscyre. Elles auraient ensuite entrepris une expédition guerrière dans l'Attique ; mais Thésée, après les avoir battues, épousa leur reine Antiope dont il eut un fils, Hippolyte.

Sur les monuments grecs et particulièrement sur les bas-reliefs du Panthéon, on trouve souvent reproduit le combat de Thésée avec les Amazones. Elles sont toujours chaussées du cothurne usuel des Grecs dont on trouvera le dessin dans le chapitre consacré aux chaussures grecques. Ce cothurne est une espèce de demi-botte qui reçoit dans le haut de la tige un ornement, sorte de revers découpé. Dans ces mêmes batailles dont on peut voir les nombreuses reproductions au musée des antiques du Louvre, quelques Amazones sont chaussées d'un cothurne simple, sans revers, mais la tige alors atteint le genou.

Voici de très curieuses bottines d'Amazones, dessinées d'après Thomas Hope et prises sur des vases antiques.

Les auteurs chinois parlent aussi d'un gouvernement d'Amazones qui aurait eu pour siége le Thibet (Asie centrale).

Pour n'avoir plus à parler de ces guerrières, disons qu'il y aurait eu aussi, suivant d'anciens historiens, des Amazones africaines qui auraient soumis les Atlantes, les Numides, les Ethiopiens et qui, longtemps avant la guerre de Troie, auraient été exterminées par Hercule.

« Il est probable, dit Schnitzler dans un article spécial, que le nom d'Amazones donné par les Grecs à ces femmes belliqueuses n'a jamais appartenu à aucun peuple, ni d'hommes, ni de femmes. Mais, de même que de nos jours nous avons vu les femmes souliotes (Albanaises) prendre une part active et héroïque aux affaires et aux dangers de leur patrie (guerre de l'indépendance contre les Turcs), de même les femmes d'un peuple caucasien ou de la Scythie peuvent, de toute antiquité, s'être fait un nom dans l'histoire par leur bravoure et leurs exploits. » Cette simple note suffit pour expliquer la place que nous avons cru devoir faire dans ce livre à ces femmes dont l'existence semble plutôt appartenir à la mythologie qu'à l'histoire. Mais qu'est-elle après tout cette mythologie, si ce n'est l'histoire allégorique et poétisée d'êtres qui ont vécu dans des temps éloignés de nous ? Ces allégories cachent, sans doute, des récits vrais dont la mémoire humaine n'a pas su garder l'exacte tradition.

Le grand ouvrage de M. E. P. Botta, *Monuments de Ninive*, et les bas-reliefs qui sont déposés dans la salle des sculptures du Louvre, nous montrent quatre genres bien distincts de chaussures ASSYRIENNES : la sandale à quartier haut et large, le patin ; la bottine-guêtre et la bottine ouverte, basse ou montante.

Nous donnons ici deux sandales : la première chausse le pied gauche, la seconde chausse le pied droit. La

semelle de la première sandale atteint à peine l'extrémité
des orteils ; la semelle de la seconde non-seulement le

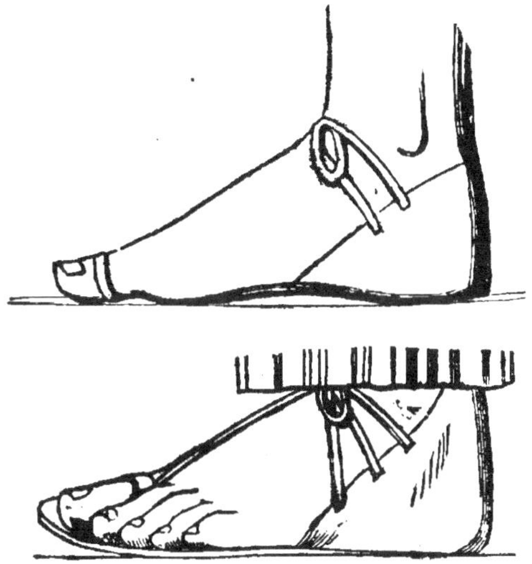

Sandales assyriennes.

dépasse, mais le dessin indique clairement que la pointe
du pied est entièrement garnie.

Ces sandales étaient toujours faites en cuir. Ce cuir
était teint, quelquefois d'une ou de plusieurs couleurs.
Nous avons remarqué aux pieds d'un roi assyrien une
paire de ces sandales teintes entièrement en rouge, et
aux pieds d'un autre roi assyrien, des sandales dont le
quartier était divisé en bandes larges environ de deux
centimètres chacune. Ces bandes étaient alternativement
peintes en bleu-ardoise et en orange vif.

Les sandales dont nous avons donné le dessin parais-
sent avoir été la chaussure spécialement affectée aux rois,
aux prêtres et aux grands du royaume. On les trouve

souvent encore aux pieds des eunuques, mais ainsi que le fait remarquer M. Botta, les eunuques n'étaient pas toujours de simples serviteurs; quelques-uns,comme cela a lieu encore aujourd'hui en Orient, occupaient un rang élevé à la cour des rois assyriens.

Nous n'avons trouvé qu'une seule variante dans la forme de ces sandales. Elle consiste en ce que la partie de cuir qui sert de quartier ou de talonnière s'avance parfois jusqu'à la naissance des orteils, ce qui garantit un peu plus le pied dont elle enferme alors en partie les côtés.

L'anneau qui entoure le gros orteil devait être fait également en cuir et d'un seul morceau uni. On trouve cependant quelques anneaux ornés et comme guillochés, ce qui laisserait croire que ces anneaux pourraient bien avoir été faits quelquefois d'un métal précieux préparé de façon à ne pas blesser le doigt qu'ils renfermaient.

Ces sandales n'avaient pour attache que deux ou trois cordons fixés à la partie intérieure et extérieure du quartier, et un autre cordon qui, partant de l'anneau, venait se lier avec les autres sur le coude-pied. Ces cordons étaient sans doute de simples lanières en cuir.

Les guerriers assyriens sont nombreux sur les bas-reliefs qui portent pour titre : *Le roi Sardanapale V, palais de Ninive, VIIe siècle.* Ils sont chaussés généralement d'une bottine-guêtre dont la fabrication révèle déjà un grand goût. Quelques-uns cependant ont à leurs pieds la sandale désignée ci-dessus.

Le dessin que nous donnons de la bottine à guêtre fera comprendre au lecteur avec quelle facilité elle pouvait

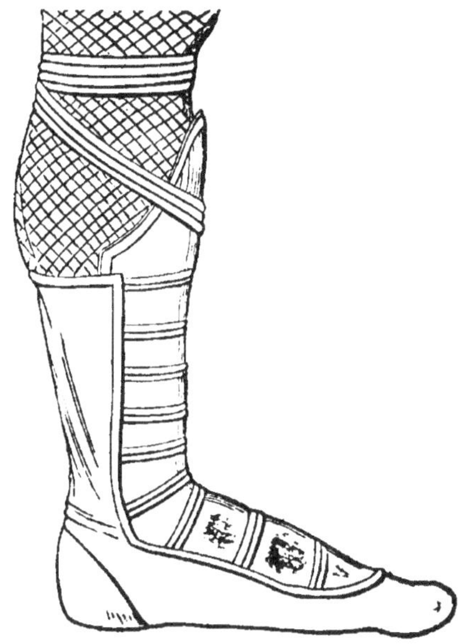

Bottine-guêtre assyrienne.

être chaussée. La tige qui était sans doute levée d'une seule pièce et en pleine peau, formait le derrière, le talon et l'empeigne. Rien dans ces bas-reliefs, que nous avons étudiés avec soin, n'indique les coutures, qui eussent été inévitables dans le cas où il serait entré plusieurs morceaux de cuir dans la confection de cette chaussure. Ces coutures n'auraient pas été, pour le sculpteur, plus difficiles à représenter que les plis indiqués vers la cheville et que le contrefort dont est garnie, en dessus et en dessous, la partie de la bottine destinée à recevoir le talon.

Une fois que le guerrier avait mis son pied dans cette chaussure, il appliquait sur le devant de sa jambe un morceau de cuir habilement taillé et préparé ; il réunissait ensuite, à l'aide d'un lacet, les deux côtés de la bottine-guêtre ; de cette façon, il avait aux pieds une chaussure à la fois élégante et solide.

D'autres guerriers assyriens sont chaussés d'une bottine entièrement fermée dont nous donnons aussi le dessin. Cette bottine est évidemment faite d'un seul morceau cambré. Il devait y avoir une couture à la partie intérieure de la jambe. Cette bottine assyrienne fermée est garnie d'une espèce de broderie qui imite la laçure de la bottine - guêtre, mais le morceau du devant de la jambe est cousu après celui qui forme la tige et l'empeigne. 
L'anaxyride, sorte de pantalon collant, est enfermée dans cette bottine.

Les laçures de la bottine et de la bottine-guêtre sont quelquefois droites ; le plus généralement, elles forment la croisure indiquée par l'un de nos dessins.

On remarque enfin sur ces monuments une *guêtre droite* qui entoure entièrement le pied, mais qui est garnie d'une sandale-patin, espèce de babouche dont la forme est accusée, dans notre dessin dit *guêtre avec patin* par la petite raie noire qui prend du haut du talon et vient recouvrir très faiblement l'extrémité des orteils. Nous avons donné, à côté de ce dessin, une guêtre sans patin afin de bien indiquer la différence qu'il y a entre ces guêtres et les bottines-guêtres dont nous avons parlé plus haut.

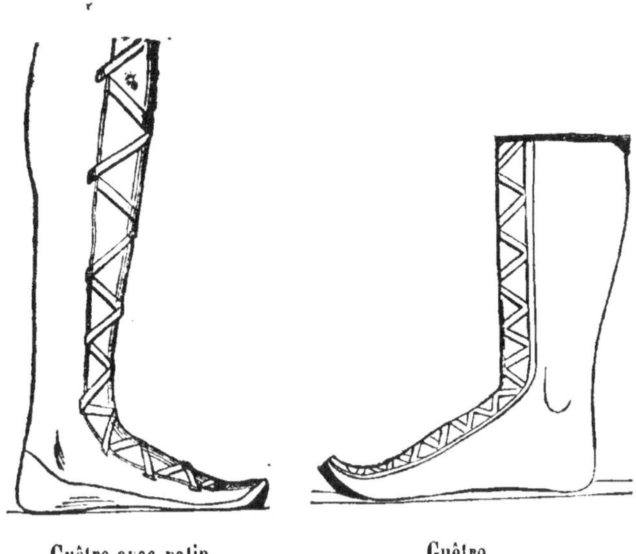

Guêtre avec patin.   Guêtre.

Ces guêtres arrivaient quelquefois devant et derrière jusqu'au-dessus du genou. Quelquefois encore, au lieu d'être droite du haut de la tige jusqu'au coude-pied, l'ouverture de ces guêtres formait deux découpures cintrées. L'une prenait depuis la naissance de la tige et venait se fermer presque à la partie la plus cambrée du coude-pied et l'autre partait du coude-pied pour se refermer à la naissance des orteils.

Cette guêtre était alors garnie d'une babouche ou patin dont l'extrémité revenait sur le pied jusqu'à la naissance des orteils.

Dans le catalogue du Louvre, à propos du bas-relief 30 que l'on trouve dans l'une des salles où sont recueillies les antiquités assyriennes, et d'après lequel nous avons reproduit la guêtre avec patin, nous lisons la note suivante :

« Tributaires conduisant des chevaux. Guerrier barbu, vêtu d'une courte tunique serrée par une ceinture à l'extrémité de laquelle pend une olive, les épaules couvertes d'une peau de lion, chaussé de guêtres lacées sur le devant de la jambe et de patins recourbés. Les personnages qui figurent dans ce bas-relief ont la chevelure disposée comme celle des rois de la Characène, dont les monnaies antiques ont conservé les portraits ; ils appartiennent donc probablement aux peuples de la rive droite du Tigre. »

On remarque encore, dans le magnifique ouvrage de MM. Botta et Flandin, certains prisonniers qui ont les pieds comme enveloppés d'une espèce de bottines relevées du bout, mais auxquelles on ne peut voir ni ouverture ni broderie. C'était sans doute une simple peau fraîche, dépouillée de son poil ou le poil mis en dedans, appliquée autour du pied et de la jambe fixée à l'aide d'une couture droite partant du derrière de la tige et se terminant, après avoir longé par le milieu la plante du pied, à l'extrémité des orteils, où les deux parties de cette peau formaient, en se réunissant, une pointe qui se recourbait légèrement.

Nous avons trouvé des chaussures semblables sur la reproduction en plâtre d'un monument indiqué comme ayant appartenu au *palais de Nemrod*, ixe *siècle*, sous *Salmanazar et Jéhu, roi d'Israël.*

Enfin, dans le monument de Ninive, on voit apparaître encore aux pieds des prisonniers une sandale dont la semelle est maintenue par une courroie qui entoure tout le pied. Elle est reliée par une autre courroie transversale qui se fixe aux deux côtés du coude-pied, en passant sur la cambrure.

Selon M. Botta, les monuments d'après lesquels nous avons donné les dessins de ces chaussures assyriennes ne peuvent avoir une date plus récente que 700 ans avant notre ère. Il est probable, ajoute-t-il, que leur antiquité remonte beaucoup plus haut. En prenant ce chiffre incontestable de 2,500 à 2,600 ans, en songeant à ce qu'il a fallu de temps pour que l'art du cordonnier arrivât au degré de perfection et de goût attesté par la fabrication des bottines assyriennes, on se fera une idée de l'ancienneté de la cordonnerie asiatique, en tant que profession.

Les Babyloniens avaient sans doute un costume spécial, mais nous n'avons rien trouvé qui leur fût particulier, si ce n'est cette note d'Hérodote : « Ils ont d'abord une tunique de lin, qui leur descend jusqu'aux pieds, et par-dessus une autre tunique de laine. Ils s'enveloppent ensuite d'un petit manteau blanc. *La chaussure du pays a beaucoup de ressemblance avec les embades de Béotie.* Les Babyloniens laissent croître leurs cheveux, se coiffent d'une mitre et se frottent le corps de parfums. Ils ont chacun un cachet pour signer, et une canne ouvragée avec une pomme, une rose, un lis, un aigle, etc. Il n'est pas dans l'usage, chez eux, de porter une canne sans ornement, etc. »

Les *embades* de Béotie étaient une espèce de petite botte basse, dans le genre de la *bottine assyrienne fermée* : seulement elle était garnie d'une semelle assez épaisse, et la tige de ces embades, aussi haute sur le devant que sur le derrière, atteignait la naissance du mollet.

L'Assyrie ancienne répond au Kurdistan actuel, lequel est divisé en Kurdistan turc et en Kurdistan persique.

De la Syrie des anciens, où florissaient, avec *Héliopolis* (aujourd'hui Balbek), dont on admire encore les débris, *Sidon, Tyr,* ces deux grands entrepôts du commerce occidental, et *Palmyre,* dont les ruines superbes attestent l'ancienne splendeur, il ne nous est resté aucun document certain sur les chaussures anciennes. Nous savons par divers historiens que les Syriens étaient chaussés en jaune, et par Virgile, que le cothurne teint de pourpre enfermait les pieds des jeunes Tyriennes ; mais là se bornent nos renseignements. Cependant un pays si riche en commerce, en art et en industrie, a dû ne pas négliger cette branche importante de l'art du vêtement.

Il est certain que les pieds des Tyriennes n'ont pas toujours pu se parer d'une bottine ou d'un soulier teint de pourpre, un roi de Tyr ayant par décret défendu à ses sujets de porter aucune étoffe teinte de cette couleur, qu'il réservait exclusivement pour les rois et pour les princes.

La pourpre dont on fit un grand usage pour les chaussures de l'antiquité, fut découverte par un berger de Syrie, qui s'aperçut que son chien, après avoir brisé un coquillage, avait la gueule teinte d'un très-beau rouge. En effet, avant l'application de la cochenille, c'était un mollusque, le *murrex*, qui fournissait cette matière colorante, dont l'éclat est si riche que les Romains l'avaient presque uniquement réservée aux manteaux des triomphateurs et des empereurs.

Les Phéniciens, qui occupaient une grande partie du littoral méditerranéen de la Syrie, furent de grands navigateurs, peut-être les premiers du monde, ce qui ne les empêcha pas d'être fort habiles en industrie et en art. On sait que Salomon, lorsqu'il voulut construire son magnifique temple, s'adressa à Hiram, roi de Tyr, et lui demanda des ouvriers habiles *à travailler en or, en argent, en airain, en fer, en écarlate, en pourpre, en cramoisi, etc.*

Les Phéniciens sont, avec Salomon, les pères du compagnonnage, institution qui, pour être moins vivace qu'au moyen âge, compte aujourd'hui encore de nombreux adeptes.

Il est probable que les chaussures des Phéniciens se rapprochaient beaucoup de celles des peuples assyriens, avec lesquels ils étaient presque constamment en rapport, et dont ils exportaient les produits artistiques dans leurs lointaines navigations. On sait que les Phéniciens fondèrent la ville de Carthage, qui devait donner au monde le plus grand exemple de la puissance qu'un peuple peut acquérir par son commerce.

Les Phéniciens durent cependant avoir un costume spécial, en rapport avec leurs premières et principales professions, la pêche et la navigation. Nous reproduisons, d'après un bronze du musée de Cagliari, une idole qui, selon M. Edouard Charton, doit représenter Baal ou le dieu Soleil. Aux attributs nautiques qui ornent cette divinité il est facile de reconnaître un dieu protecteur de la marine.

Par l'imperfection de cette idole, il semble démontré qu'elle remonte à une antiquité très-reculée. Voltaire n'a pas hésité à croire les Syriens plus anciens que les Egyptiens ; mais l'E-gypte était bien peu connue à l'époque où Voltaire écrivait. Si son opinion ne peut faire loi sur cette question de priorité, elle confirme néanmoins l'antiquité de la civilisation phénicienne. Les *bottes marines*, dont est chaussé ce dieu des mers, et qui, par leur 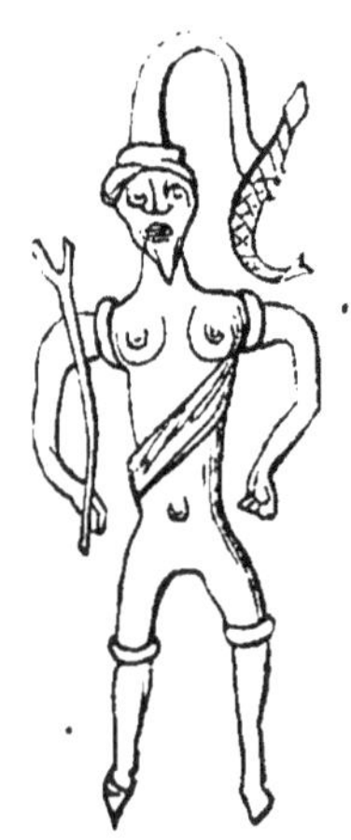
forme, rappellent beaucoup certaine chaussure contemporaine dite *bottes de marée*, durent être en usage chez les premiers Phéniciens. La partie qui forme bourrelet au-dessus du genou, pouvait au besoin se dérouler et recouvrir entièrement la cuisse. — La Syrie est devenue une province de la Turquie d'Asie.

Les CARIENS, suivant les uns, peuple autochthone, et suivant d'autres, colons phéniciens, habitaient l'angle sud-ouest de l'Asie-Mineure. Navigateurs habiles et hardis dans l'origine, les Cariens se virent plus tard réduits au cabotage et à la piraterie.

Ils garantissaient leurs pieds à l'aide de chaussures grossièrement faites en peaux non préparées et encore saignantes.

Les Cariens devinrent les soldats mercenaires des Grecs, qui firent de leur nom le synonyme du mot esclave. Leurs mœurs, leur langage et leurs coutumes devinrent un objet de raillerie chez les Grecs qui donnèrent le nom de *carbatines* aux chaussures informes des paysans.

Il est assez curieux de constater que les *carbatines* sont encore en usage aujourd'hui chez les paysans italiens. Les joueurs de musette et de cornemuse que nous envoient la Calabre et la Romagne sont tous chaussés de *carbatines*.

C'est un large morceau de peau crue, relevé autour du pied et fixé à l'aide de cordes, dont ils entourent leurs jambes, recouvertes de guêtres en toile grossière.

On donne aujourd'hui encore le nom de carbatines aux peaux de bêtes nouvellement écorchées. — La Carie fait actuellement partie de la Turquie d'Asie.

Les LYDIENS, que l'histoire nous dépeint généralement comme d'admirables artistes, architectes et musiciens, auraient été de plus dans l'origine et jusqu'à Crésus, ce roi aux fabuleuses richesses, un peuple de mœurs et de coutumes fort simples. En effet, Hérodote constate, dans son livre premier, que le cothurne usuel des Grecs était, au temps de Crésus, considéré comme une chaussure efféminée. Crésus, vaincu, dit à Cyrus en parlant des Lydiens : « Ordonnez-leur de « mettre des tuniques sous leurs manteaux, de *chausser* « *des cothurnes*, de faire apprendre à leurs enfants à « jouer de la cithare, à chanter, à faire le commerce, et « vous verrez bientôt des hommes changés en femmes « et entièrement incapables de se révolter. »

La Lydie forme aujourd'hui la partie occidentale de l'Anatolie (Turquie-d'Asie).

L'histoire primitive de la BITHYNIE est à peu près inconnue ; nous devons donc nous borner à citer cette note d'Hérodote : « Les Thraces qui passèrent en Asie, où « ils prirent le nom de BITHYNIENS, portaient sur la tête « une peau de renard, et pour habillement des tuniques « et par-dessus un habit de diverses couleurs, très ample, « ple, avec des *brodequins de peau de jeune chevreuil ;* « ils avaient outre cela des javelots, des boucliers légers « et de petits poignards. » Willemin parle aussi de *Thraces asiatiques* qui « portaient de petits boucliers de « peau de bœuf crue, chacun deux épieux, des casques « d'airain ornés d'oreilles et de cornes de bœuf en airain, « avec des aigrettes. Des *bandes d'étoffe rouge enve-* « *loppaient leurs jambes.* » — L'une des villes principales de la Bithynie, Bithynium ou Claudiopolis, est devenue la ville de l'Anatolie connue sous le nom de Bastan.

Prusa, qui fut la capitale de la Bithynie, est aujourd'hui la ville de Brousse.

La Phrygie était une des plus grandes provinces de l'Asie-Mineure, c'est aujourd'hui une partie de l'Anatolie et de la Caramanie (Turquie d'Asie).

Les quelques monuments où nous avons pu trouver des renseignements sur les chaussures des Phrygiens, ne nous montrent, avec la sandale, chaussure primitive de tous les peuples, qu'une espèce de *brodequin bas*, mais couvrant le pied entièrement.

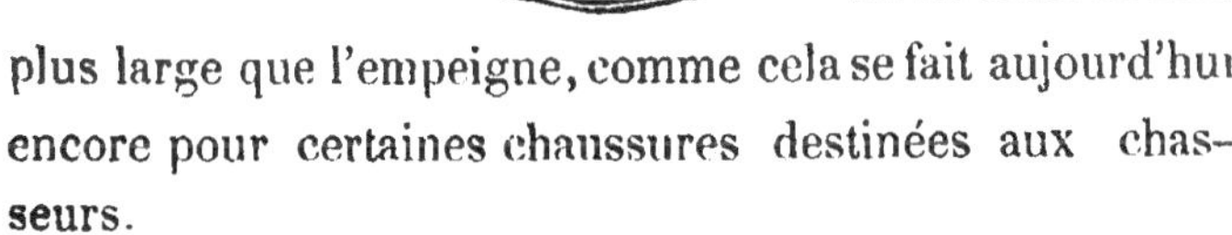

Cette chaussure fermée est nouée à l'aide de cordons. Notre dessin indique suffisamment que cette sorte de sac, dans lequel se logeait le pied, ne dépassait pas la cheville. La semelle était plus large que l'empeigne, comme cela se fait aujourd'hui encore pour certaines chaussures destinées aux chasseurs.

Si nous avons voulu finir ce chapitre par la Phrygie, c'est parce qu'elle nous mène tout naturellement à la Grèce ancienne ; même avant la conquête de Troie par les Grecs, il y avait déjà chez ces deux peuples communauté de langage, de religion, de mœurs, d'armes et conséquemment de costumes. Il n'est donc pas étonnant de trouver, dans les antiquités phrygiennes, le modèle d'un brodequin dont la ressemblance est grande avec le célèbre *campagus*, qui devint la chaussure des empereurs romains.

Le *brodequin phrygien*, dont nous donnons le dessin, laissait les orteils à découvert. Il devait être d'un effet très gracieux. La peau de lion ou de tigre qui, sur les côtés et le milieu de la jambe, passe sous les bandelettes ser-

Brodequin phrygien.

vant de fermeture à ce brodequin, indique déjà un goût exercé.

L'élégance d'une telle chaussure explique comment, plusieurs siècles après qu'elle eut été inventée, nous la trouverons encore en Grèce, et plus tard à Rome aux pieds de Marc-Aurèle. La différence entre ce brodequin et le *campagus* de l'empereur romain, ne consiste, ainsi qu'on peut s'en assurer au musée des antiques du Louvre, que dans la disposition ornementale de la peau. Dans le *campagus*, la peau est plus fournie et s'échappe non-seulement comme dans notre dessin sous la bandelette, mais encore déborde gracieusement cette bandelette dessus et dessous, et orne ainsi plus complétement la jambe qui en est recouverte.

CHAPITRE V

EUROPE

DE LA CHAUSSURE CHEZ LES HELLÊNES, LES PÉLASGES ET
LES GRECS.

Les Grecs ont des cordonniers et des savetiers. — Les femmes participent aux travaux de la cordonnerie. — Lois
concernant la chaussure. — Eschyle, inventeur du cothurne
tragique. — Apelles et le cordonnier. — Le général *Cothurne*. — La pantoufle de Rhodope. — Alcibiade, inventeur
du brodequin. — Le cordonnier Iphicrate devient un général célèbre. — Socrate, Périclès et le cordonnier Simon.
— De la confection de la chaussure, des outils et des matières diverses employées des villes, spécialement occupées
à ce genre de travail. — Le cuir est d'une fabrication très
ancienne chez les Grecs. — Le corroyeur Cléon devient général. — Les croupèzes (sabots) sont inventés en Béotie. —
La croupézie, instrument de musique adapté au pied.

Dans l'antiquité, les cordonniers grecs parvinrent à
élever incontestablement leur profession au rang des
arts.

La chaussure eut, chez ce peuple, des formes très variées et joua un rôle important : elle indiquait généralement la position sociale du citoyen qui la portait.

Homère nous montre les héros de son *Iliade* portant des bottes dont la semelle et la partie qui couvre le devant de la jambe étaient garnies d'airain. Il désigne souvent les Grecs par ces épithètes : les *Bien bottés*, les *Grecs aux belles bottes*. Dans son *Odyssée*, il nous apprend qu'ils avaient, pour la chasse et pour les travaux de la terre, des bottines de peau de bœuf, afin de préserver leurs pieds des ronces et des épines. Laërte est chaussé de *bottes en cuir* lorsqu'il arrache les épines de son verger.

Le nom générique de la chaussure était *hypodéma*.

Le nom du cordonnier était *hypodématorrhaphos*, qui veut dire *couseur de chaussures*. Par abréviation, on donnait aussi au cordonnier le nom de *rhapheus*, c'est-à-dire couseur.

Les hommes ne s'occupaient pas seuls des travaux de la cordonnerie. Les femmes avaient dans cette fabrication diverses spécialités, ainsi que l'indiquent les noms de *crépidopée* et *crépidurge*, qui signifient faiseuses de crépides.

Ergastérion était, chez les Grecs, le nom générique de l'atelier. Les ouvriers travaillaient sous les ordres de l'*ergastériarque* (contre-maître ou chef d'atelier). Le *scytion* ou *scytarion* désignait le lieu où l'on vendait la chaussure ; ce que nous nommons aujourd'hui la boutique, le magasin.

Il y avait en Grèce, non-seulement des cordonniers,

mais aussi des savetiers, qui prenaient le nom d'*élocopos,* c'est-à-dire metteur de clous. Afin d'éviter, ce qui arrive trop souvent de nos jours, l'espèce de dédain injurieux pour les gens qui professent des métiers paraissant ne réclamer que peu d'intelligence, ou dont le travail n'est pas d'une grande propreté, un législateur grec inscrivit, dans les lois concernant les arts et les métiers, un article qui serait aujourd'hui d'une bien grande utilité, et dont il faut louer hautement l'esprit et la sagesse. « *On pourra intenter une action en calomnie con-* « *tre celui qui ridiculisera ou avilira le métier qu'on* « *pratique.* » Ainsi donc, l'*élocopos* n'avait pas à subir les sarcasmes ni les quolibets auxquels le *savetier* est en butte à présent; il est vrai que celui-ci *a bec et ongles* et riposte souvent avec verve et succès.

Avant de faire l'énumération des chaussures de la Grèce, il n'est pas sans intérêt de dire ici que ces chaussures n'ont pas toujours été en usage sans rencontrer des entraves sérieuses de la part des législateurs de l'antiquité. Si les plus élégantes chaussures purent facilement se produire à Athènes, la ville somptueuse par excellence, il n'en fut pas de même à Sparte, où le législateur Lycurgue redoutait fort l'amour du luxe, qui, selon lui, ne pouvait qu'amollir et énerver les Lacédémoniens. Aussi, le Spartiate devait marcher pieds nus, à moins qu'il ne fût à la chasse, au combat, ou qu'il ne voyageât de nuit. *Il fallait qu'il fît bien mauvais temps pour qu'il fût permis aux enfants de porter des san-*

dales, et très-froid pour qu'ils se couvrissent d'une robe.

Dans toute la Grèce, les esclaves et les Ilotes n'avaient pas le droit de mettre des chaussures. Les jeunes Lacédémoniens et même les enfants n'en devaient porter aucune. Encore la chaussure des hommes était-elle très-simple dans sa forme. Elle était plate ; les premiers Grecs n'eurent point de chaussures à talons. Elle enveloppait tout le pied sans bandelettes et sans ornements. La chaussure des femmes et des jeunes filles était un peu plus haute, mais toujours très-simplement fabriquée.

Quatre siècles après Lycurgue, Platon, ce philosophe qui mérita le surnom de divin, conseillait également à tous de marcher pieds nus. Cette coutume s'étendit jusqu'à Athènes, où quelques hommes austères ne se chaussaient que par le plus grand froid, mais ils ne furent toujours qu'en infime minorité.

Les Athéniens devinrent bientôt trop amoureux de leur bien-être pour s'exposer ainsi aux intempéries des saisons. Leurs habitudes d'élégance et de luxe, devenues proverbiales, furent l'antithèse des préceptes professés par l'élève de Socrate.

Un philosophe grec, Zaleucus, qui fit un code à l'usage des Locriens-Epizéphiriens, s'occupa aussi de réglementer le costume qui, dans cette partie de la Grèce, était déjà (700 ans avant Jésus-Christ) d'un luxe assez grand pour motiver un semblable arrêt . « *Il n'était* « *permis qu'aux femmes galantes de porter des boucles*

« *d'oreilles, des chaines et des pierres précieuses à leurs*
« *souliers.* »

Passons maintenant à la description de la chaussure
chez les Grecs :

Voici la *cnémide* que portait Agamemnon, à la guerre de Troie. Cette chaussure était en peau garnie de lames d'étain
et de cuivre. La partie dans laquelle se
trouvait le pied était vraisemblablement
fabriquée en cuir. Une partie du coude-
pied et les orteils restaient découverts.

« Agamemnon, dit Homère, met d'a-
« bord autour de ses jambes ses *cnémi-*
« *des* attachées avec des agra-
« fes d'argent. »

La jambière et la chaussure
étaient deux parties séparées
qui, réunies, portaient le nom unique de *cnémide*.

Cette chaussure, à la fois martiale et élégante, indique
déjà une grande habileté industrielle. Les Hellènes,
quand ils subjuguèrent les Pélasges, trouvèrent ceux-c
en possession d'une civilisation avancée. Les monuments cyclopéens des Pélasges nous donnent des
preuves incontestables de leurs connaissances artistiques.

Dans les peintures égyptiennes du tombeau de Névôthph à Béni-Hassan el quadim, ancienne Heptanomide
où Champollion le jeune a pris plusieurs copies, il en
une dont il a donné l'explication suivante : « Quinze pri-

sonniers étrangers, hommes, femmes et enfants, de race blanche, nez aquilin (ayant la physionomie, le costume, la pique et la lyre des Grecs, d'après les plus anciennes peintures des vases grecs), sont conduits par un scribe royal devant Névôthph, administrateur en chef des terres orientales de l'Heptanomide, au nom de son fils qui les a faits prisonniers.

Ce scribe tient en même temps une feuille de papyrus contenant l'indication des faits, portant le nombre des prisonniers à trente-sept et énonçant, comme date, l'an VI du règne du roi Osortasen de la XVIe dynastie, *dix siècles avant la guerre de Troie.*

Voici les deux chaussures d'homme trouvées aux pieds de ces prisonniers qui sont évidemment des Pé-

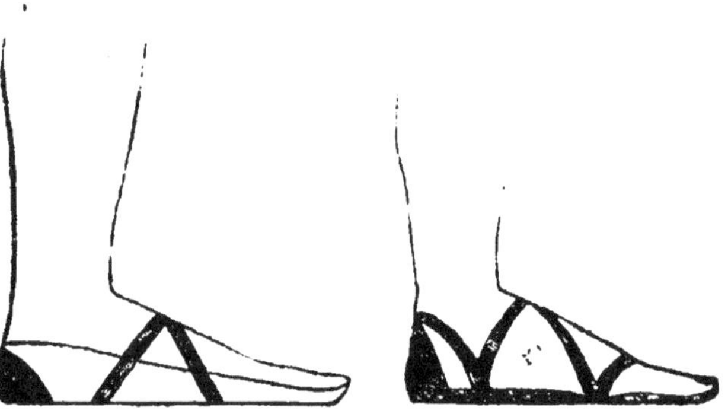

lasges ou des Hellènes. La première de ces chaussures est un soulier découvert, fait, nous le croyons, de peau mince. Ce soulier emboîte le pied, dont il laisse à nu la partie supérieure. On a renforcé d'un morceau de cuir la partie qui reçoit le talon. La seconde chaussure n'est qu'une sandale garnie d'un quartier. Cette sandale a besoin pour se maintenir au pied de plusieurs rubans ou courroies.

La bottine ci-contre, mise au pied d'une des prisonnières, s'ouvrait sans doute en dedans ; mais dans les dessins égyptiens rien n'indique cette ouverture.

Nous allons maintenant passer, de la chaussure des peuples primitifs de la Grèce, aux chaussures en usage à une époque où les mœurs des Grecs apparaissent dégagées des incertitudes dans lesquelles nous jettent les nombreuses et savantes controverses des historiens.

La *crépide* était la chaussure nationale des Grecs. Suivant Anthony Rich, elle fut adoptée également par les deux sexes.

Voici le dessin de la *crépide militaire*.

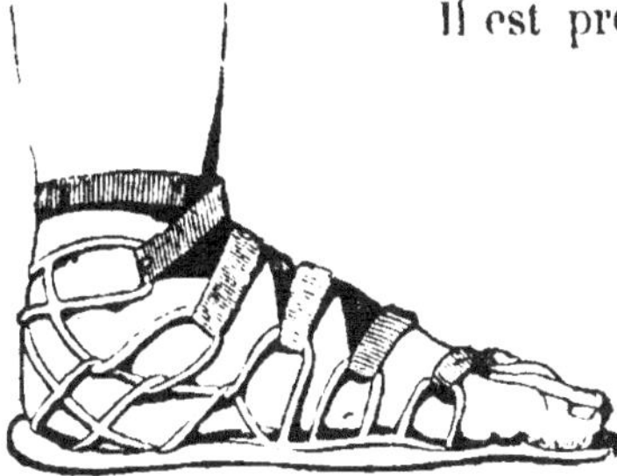

Il est probable que la façon dont les lanières étaient entrelacées indiquait le grade du guerrier qui chaussait cette crépide. Le soldat avait aussi parfois comme complément de cette chaussure une espèce de guêtre jambière.

La crépide civile que nous reproduisons d'après Willemin, est d'une fabrication élégante. La crépide simple n'avait pas ce morceau de cuir qui recouvre le dessus du pied. Le quartier n'était pas plus haut que la cheville ; il était coupé droit et s'avançait à partir du coude-pied, de façon à garantir les côtés du pied jusqu'à la naissance des orteils qu'une étroite bande de cuir enveloppait. Cette crépide laissait tout le dessus du pied et les orteils à nu. Elle était maintenue par la bande de cuir dans laquelle on entrait les doigts et par une laçure formée de trois ou quatre courroies qui entouraient seulement le coude-pied

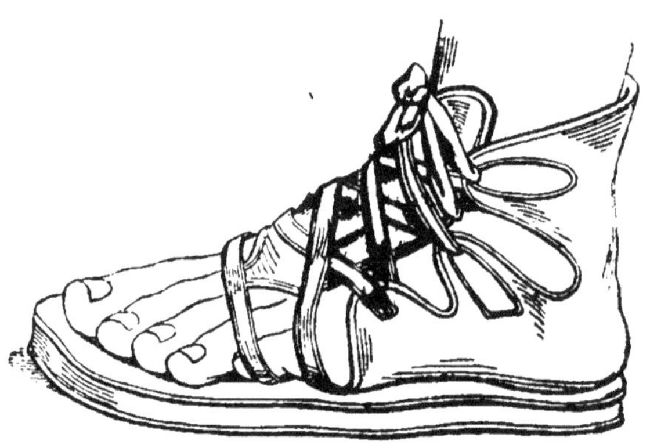

Crépide civile.

Les noms de *rapides* et d'*arpides* ont été donnés aux *crépides* par plusieurs écrivains ; mais en réalité ces noms n'étaient que des variantes poétiques du mot générique : *crépide*.

C'est donc par erreur que des historiens ont cru que les *rapides* et les *rapides* étaient des chaussures d'une forme particulière.

La *sicchas* était une espèce de *crépide* qui enfermait

tout le pied. Son nom vient du verbe *synechéin,* qui signifie *contenir.*

La *monocrépide* était une chaussure unique qui chaussait le pied droit des Etoliens en temps de guerre.

Les crépides, dont nous avons donné les modèles, ont été vraisemblablement les deux premières chaussures adoptées par la grande majorité des Grecs : ce qui leur valut le titre de chaussures nationales.

Immédiatement après ces deux genres, il est juste de citer le *cothurne* dont le nom est célèbre dans l'histoire de la chaussure.

Le *cothurne* ou *cothorne,* fut primitivement une chaussure employée uniquement pour le théâtre. L'invention en est attribuée au célèbre poète Eschyle, le père du théâtre grec. Désireux sans doute de donner plus de majesté aux acteurs chargés de représenter les héros et les dieux de ses tragédies, il imagina cette forme nouvelle qui élevait la taille de l'acteur.

Eschyle fut heureux dans son innovation : la tradition conserva cette chaussure au théâtre. Ce cothurne fut aussi adopté par les sculpteurs qui en chaussèrent les héros et les dieux de la Grèce.

Les historiens ne sont pas tous d'accord sur la forme primitive du *cothurne tragique.* Nous croyons, après bien des recherches, pouvoir tracer l'historique fidèle de cette chaussure.

On prétend, dit M. Pons, que c'est en voyant la sandale dont Phidias avait chaussé sa *Minerve,* qu'Eschyle prit l'idée de la chaussure qu'il introduisit sur la scène, et que le nom de *cothurne* fut emprunté au dialecte crétois.

On sait que les grands artistes de l'antiquité ne négligeaient pas les plus petits détails de leurs œuvres ; et Apelles, qui ne passe certes pas aujourd'hui pour un *réaliste*, crut devoir écouter la judicieuse critique que fit un cordonnier en regardant un tableau que le célèbre peintre avait exposé à sa porte. Le peintre corrigea son œuvre, ayant égard aux imperfections signalées dans la chaussure d'un personnage du tableau. Le lendemain le cordonnier, enhardi par le succès de sa critique, se permit d'autres réflexions sur l'ensemble de l'œuvre. Apelles lui dit cette fois : « Cordonnier, ne dépasse pas la chaussure. » Ces paroles devinrent proverbe : *Ne sutor ultra crepidam.*

Les souliers à la *tyrrhénienne* eurent donc une grande réputation due aux choix que fit d'eux le plus célèbre sculpteur de la Grèce, pour chausser sa colossale Minerve du Parthénon. Cette statue d'or et d'ivoire avait 26 coudées (environ 12 mètres de haut).

Cette chaussure n'était qu'une très-épaisse sandale retenue aux pieds à l'aide de courroies ou de rubans, qui passaient entre les deux premiers orteils et allaient se fixer sous la robe autour du coude-pied. De nos jours Clésinger a adopté cette sandale pour chausser sa belle statue de la Tragédie que l'on peut voir au foyer du

Théâtre-Français à Paris. Notre dessin en donne une idée à peu près exacte.

Eschyle, en voyant cette sandale épaisse, comprit tout le parti qu'il en pourrait tirer au théâtre. Il fit donc faire une sandale d'une épaisseur double et même triple de celle-là, et ses héros ainsi chaussés eurent l'air de véritables géants. Comme il était indispensable que le cothurne fût caché sous les plis de la longue robe, qui pour donner de la majesté à l'acteur était ample et traînait en longs plis jusqu'à terre ; que de plus il fallait que cette chaussure pût être chaussée et déchaussée facilement, Eschyle supprima les courroies ou rubans et les remplaça par une bride dans laquelle le pied venait s'emboîter. L'acteur pouvait donc à son gré garder sa chaussure de ville, même lorsqu'il chaussait le *cothurne*.

Une peinture trouvée à Pompéi nous donne la forme incontestable de ce cothurne. Nous avons, sur notre dessin, laissé à découvert les pieds de l'héroïne pour que le lecteur ne puisse se méprendre sur la forme primitive du *cothurne tragique*. Sur un bas-relief en marbre représentant un groupe d'acteurs, le personnage d'Hercule est chaussé de cette manière. Le doute n'est donc plus permis.

Dans son *Histoire de l'art de l'Antiquité*, Winkelmann donne la description suivante :

« Le cothurne était une chaussure plus ou moins haute, « mais la plupart du temps sa hauteur était celle de la « main, et généralement affecté à la muse tragique. Le « cothurne de la statue de Melpomène à la Villa Borghèse, « dont voici la copie, a cinq pouces d'un palme romain « de hauteur (environ six centimètres de notre mesure). »

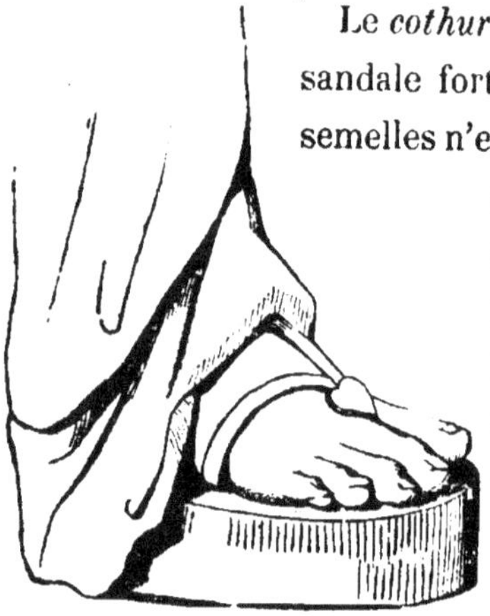

Le *cothurne tragique* était donc une sandale forte, composée de plusieurs semelles n'en faisant qu'une très-épaisse. On pouvait l'ajouter à sa première chaussure au moyen d'une large bride lui prenant le coude-pied. Cette chaussure, n'ayant pour but que de grandir l'acteur, était toujours cachée sous les plis de la tunique.

M. de Garsault peut avoir eu raison en donnant dans le *Recueil de l'Académie des sciences*, un modèle de chaussure différent seulement du cothurne trouvé aux pieds de l'héroïne dont nous avons donné la figure, en ce que la semelle est évidée et forme arcade, de façon à conserver la hauteur au cothurne, en en diminuant le poids. Il est probable que cette semelle était faite en liége ou tout au moins en bois léger.

Plus tard on crut ne devoir pas dissimuler les pieds des acteurs et on réduisit un peu la hauteur de cette chaussure, que l'on orna de courroies arrêtées au coude-pied et fixées entre les deux orteils à l'aide d'un ornement qui prit diverses formes et fut fait d'une pierre ou d'un métal précieux. Souvent cet ornement formait le cœur comme au cothurne de la Melpomène de la Villa Borghèse. Enfin de nos jours, les tragédiens et les tragédiennes ont accepté comme classique le *cothurne* que M. Clésinger a mis aux pieds de sa statue.

Il y avait, en dehors du *cothurne tragique*, un *cothurne* qui fut tout d'abord porté par les chasseurs et les guerriers ; c'était une espèce de brodequin très gracieux de forme que reproduit fidèlement notre dessin ; il était teint en pourpre.

La tige de ce cothurne que nous désignerons sous le nom de *cothurne usuel* des Grecs, avait généralement des revers découpés ainsi que l'indique notre dessin. Cette tige s'élevait parfois au-dessus du mollet, et la semelle, qui n'est pas apparente ici, était souvent assez épaisse.

« Il faut distinguer du cothurne du théâtre, dit en- core Winckelmann, celui des chasseurs et des guer- riers : ce dernier, quoique souvent confondu par les écrivains, était une espèce de brodequin. »

Malgré cette assertion qui semble exclure complétement de la scène le *cothurne usuel*, nous croyons que les personnages d'un rang élevé et occupant dans la tragédie un rôle distingué, mais ne venant qu'après celui des dieux, des héros et des rois, que les princes, par exemple, devaient être chaussés d'un brodequin correspondant au cothurne usuel et au brodequin phrygien. Cette opinion nous a été suggérée par plusieurs peintures de Pompéi et d'Herculanum.

Le *cothurne usuel* était fait sur une seule forme ; ceux qui le chaussaient pouvaient donc mettre indifféremment le pied gauche ou le pied droit dans l'un ou l'autre cothurne. Cela ne pouvait se faire pour les chaussures fabriquées sur deux formes, où le pied droit ne peut entrer dans le soulier destiné au pied gauche et *vice versa*.

Le général Théramène que, dans sa comédie des *Grenouilles*, Aristophane représente comme un homme d'une habileté suspecte, était, en matière politique, prompt à passer d'un parti dans un autre. Théramène après avoir aidé de tout son pouvoir à l'établissement des Quatre-Cents, concourut puissamment, quelques mois après, au renversement de ce gouvernement. Plus tard, il s'éleva bruyamment contre la mesure terrible qui donnait trente tyrans à sa patrie; mais n'ayant rien pu contre cette décision, il jugea prudent de prendre une place parmi ces Trente. C'est à cette occasion qu'un cordonnier railleur, dit publiquement : « Théra-
« mène ressemble au cothurne que je fabrique ; l'un va

« à tous les pieds, l'autre à tous les partis. » Le nom de *Cothurne* lui resta. Aussi quand Théramène traversait une place ou une rue d'Athènes, le peuple disait en le voyant : « Voici le général *Cothurne* qui passe. »

C'est de là que nous vient le proverbe latin : *cothurno versatilior* (plus versatile qu'un cothurne).

Hélas ! combien de gens aujourd'hui pourraient, à bon droit, faire dessiner un cothurne dans leur blason politique !

Dans le style figuré, le *cothurne* est souvent pris pour la tragédie elle-même : *chausser le cothurne*, faire des tragédies ou jouer des tragédies. De même le *brodequin* est pris souvent aussi pour la comédie. Voici quatre vers de Mercier, auteur comique, qui sont un exemple de ce que nous venons de dire :

> Voltaire, plein d'un feu divin,
> Chausse le *cothurne* tragique ;
> Ma muse, naïve et comique,
> Ne chausse que le *brodequin*.

Depuis longtemps au théâtre on comprend sous le nom de *cothurne*, non-seulement des sandales épaisses retenues simplement au pied par des rubans ou des courroies, mais encore le *brodequin phrygien*, chaussure qui, plus tard, devint le *campagus* des Romains, confondu souvent aussi par erreur avec le cothurne.

Cette confusion est d'ailleurs facile à expliquer. On a été

longtemps en désaccord sur la forme des chaussures que les Grecs nommaient *cothurne*. Le cothurne, d'ailleurs,

varia beaucoup : Nous donnons, d'après une figure de la Tour des Vents à Athènes, un brodequin lacé que Willemin désigne simplement sous le nom de *chaussure civile des Grecs*, et qui bien certainement fut un cothurne destiné aux magistrats et peut-être même aux généraux de la Grèce.

Il y a des appréciations diverses sur la forme des *embades* ou *embates* qui furent à la fois une chaussure de ville et une chaussure de théâtre.

Les *embades* ou *embates* étaient dans l'origine une simple petite botte sans talon, inventée en Thrace.

La Thrace devint en quelque sorte, dit Bouillet, pro-

vince macédonienne, sous Philippe et sous Alexandre. Les villes grecques commerçantes de la côte en tiraient du bétail, du bois, des pelleteries, des esclaves. La Thrace était un pays montagneux et froid; il fournissait d'excellents chevaux. Le dessin que voici doit donner

. l'image à peu près exacte de ces *embades*, suivant les observations que nous avons faites et d'après les descriptions recueillies chez divers écrivains.

Strabon nous fournit les documents d'une anecdote qui trouve naturellement sa place dans ce chapitre. Ce très-court et très-curieux récit a peut-être inspiré à Perrault son ravissant conte de *Cendrillon*.

Parmi les esclaves du philosophe grec Xanthus, il en est deux qui devinrent célèbres : Esope. que ses fables ont rendu immortel, et, sa belle compagne de captivité, Rhodope, qui dut sa célébrité au trafic qu'elle fit de ses charmes. La laideur morale avait reçu une enveloppe humaine splendide ; tandis que la laideur physique la plus repoussante, et le corps le plus difforme, recouvraient un esprit d'une grande sagesse, d'une finesse exquise et d'une haute moralité.

Les qualités morales d'Esope et la beauté de Rhodope eurent tout d'abord pour eux un résultat identique : celui de les faire affranchir. L'esclavage les avait réunis, la liberté les sépara. Esope fut appelé en Lydie où le roi Crésus eut pour lui de grands égards. On sait sa fin malheureuse : envoyé par Crésus à Delphes, les habitants ne purent entendre sans une grande colère les justes critiques d'Esope, et pour se venger de son apologue des *Bâtons flottants*, ils le précipitèrent du haut d'un rocher.

Rhodope se rendit en Egypte, à Naucratis, où elle vécut en courtisane, après avoir, l'ingrate, abandonné le frère de la célèbre Sapho, Charax, qui, enthousiaste de la beauté de cette esclave, l'avait achetée de Xanthus et rendue à la liberté.

Un jour, la belle affranchie se baignait dans le Nil. Les deux servantes chargées de la garde des vêtements de Rhodope admiraient en souriant son beau corps qui semblait reposer mollement, comme à fleur d'eau, sur les larges feuilles des lotus et des nymphæa· Si son corps, dit Strabon, était le modèle d'une beauté idéale, rien en elle ne fut plus admirable ni plus admiré que son pied. La forme pure et délicate de ce pied devait être, pour la courtisane, la cause indirecte d'une élévation à laquelle ses rêves les plus extravagants n'auraient jamais pu prétendre.

Pendant que Rhodope abandonnait son beau corps aux baisers rafraîchissants du Nil, et que les deux servantes échangeaient quelques bavardages, un aigle descendit près d'elle. Avant que les servantes de la baigneuse ne se fussent aperçues de son arrivée, il s'empara d'une des chaussures élégantes.

Au bruit que l'aigle fit pour reprendre son vol, les servantes poussèrent un cri de surprise et d'effroi. Rhodope, ainsi avertie, contempla en souriant le roi des airs qui disparut bientôt emportant sa pantoufle dans les régions supérieures. L'aigle s'était élevé presque perpendiculairement ; aussi quelques instants, Rhodope et ses servantes crurent que, reconnaissant son erreur, l'oiseau allait lâcher son inutile proie, il n'en fut rien.

Rhodope se consola bientôt de cette perte. La chaussure était sans doute d'un grand prix, mais depuis longtemps déjà l'ancienne esclave voyait les richesses rouler abondantes à ses pieds charmants. L'aventure devint pendant quelques heures le sujet des conversations à Naucratis, puis on l'oublia.

Quelques jours après cet incident curieux, un grand dignitaire du pharaon Psammétique, qui régnait alors sur l'Egypte, se rendit auprès de la courtisane et lui dit :

— J'ai ordre, belle Rhodope, de vous conduire auprès du pharaon mon maître.

Rhodope, surprise, semblait hésiter.

— Ne craignez rien, reprit l'ambassadeur de Psammétique, on ne vous veut faire aucun mal. Et pour la rassurer, il lui montra la pantoufle enlevée par l'aigle et lui dit :

— N'est-elle point vôtre?

— Je la reconnais, répondit Rhodope étonnée.

— Suivez-moi donc sans crainte. Psammétique désire voir la personne dont le pied est assez délicat pour revêtir une semblable chaussure.

Rhodope, rassurée, suivit, fière et heureuse, l'envoyé du pharaon.

Voici ce qui s'était passé. L'aigle, après son larcin, prit son vol vers Memphis. Sans doute son aire était voisine de cette ville, alors la capitale de l'Egypte. Las de porter, depuis longtemps déjà, cette chaussure que sa belle couleur de pourpre lui avait sans doute fait prendre pour une proie sanglante, notre aigle laissa tomber cette pantoufle, en passant, à tire-d'ailes, au-dessus d'une des ndes places de Memphis. Le pharaon, ce jour-là, siégeait et rendait publiquement la justice sur cette place. La pantoufle de Rhodope tomba sur ses genoux. Psammétique admira la richesse et l'élégance de cette chaussure, puis songeant que celle à qui elle appartenait devait avoir un pied d'une rare beauté, il eut la fantaisie de faire chercher la belle déchaussée.

La singularité de l'aventure avait d'abord frappé l'esprit du pharaon, car en recevant la pantoufle sur lui, il avait instinctivemeut levé les yeux vers le ciel et avait vu l'aigle planer au-dessus de sa tête.

Présentée au pharaon, Rhodope le charma non-seulement en raison de l'extrême beauté de son pied, mais encore par l'exquise élégance de toute sa personne. Psammétique, bientôt éperdûment épris de l'ancienne esclave, ne craignit point de l'élever jusqu'à lui. Voilà comment, grâce à son soulier, Rhodope devint reine d'Egypte.

Hérodote, Strabon, et d'après eux sans doute, quelques historiens se sont plus à raconter cette anecdote que quelques autres ont traitée de fable. Ce qui est incontestable, c'est que l'ancienne compagne d'esclavage d'Esope devint maîtresse de richesses immenses, et qu'elle passe, aux yeux d'écrivains sérieux, pour avoir fait construire à ses frais une des gigantesques pyramides égyptiennes.

Les Béotiens riches portaient aussi des *embades* en cuir, c'est-à-dire des bottes basses sans talons et sans le moindre ornement à la tige. Les *embades* des Béotiens peu aisé savaient des semelles en bois.

Les *embades*, chaussure spéciale aux acteurs comiques, selon quelques historiens, ne se distinguaient du cothurne usuel que par la couleur et les ornements du haut de la tige.

Les *embades*, au dire de Plaute, avaient une semelle attachée avec des clous d'or. Baudoin prétend, à tort, que ce n'était qu'une sorte de chausson d'étoffe recouvert d'une sandale. C'est à la semelle de cette sandale que Plaute aurait vu des clous d'or ou simplement dorés.

Ces *embades*, sorte de bottines, devaient avantager la jambe et en faire ressortir gracieusement le contour. La coquetterie fut toujours et partout, on le sait, le péché mignon des filles d'Eve ; ce qui explique pourquoi les femmes d'un rang élevé s'emparèrent promptement de ce genre de chaussures de théâtre, malgré la critique qu'un tel choix dut leur attirer.

Voici un personnage comique chaussé de bandelettes ou plutôt d'un brodequin fait de bandes, de peau mince, ajoutées les unes aux autres de façon à faire ornement. Etait-ce là ce qu'on appelait des *embades* ? Peut-être bien Cette chaussure enveloppait tout le pied, comme l'*embade* béotienne.

Nous trouvons dans M. de Garsault, sous le titre de *Brodequins des anciens farceurs*, un brodequin divisé également en six bandes; les coutures qui les reliaient les unes aux autres devaient être recouvertes de légères bandelettes faisant saillie et ornement. C'est en un mot la même chaussure portée par notre personnage, mais reproduite de façon à ne laisser de doute sur sa forme. Selon M. de Garsault, cette chaussure était un brodequin.

Si l'on attribue l'invention *du cothurne* à Eschyle, Alcibiade est souvent cité comme l'inventeur du *brodequin*. Ce général, frappé des inconvénients de la *crépide* qui ne pouvait maintenir solidement le pied du soldat ni l'abriter assez contre les ronces, les cailloux et les épines, aurait imaginé cette forme nouvelle de chaussure.

Nous n'oserions pas affirmer ce fait, seulement il est certain que des chaussures d'une forme particulière prirent le nom d'Alcibiade.

La paire de *brodequins* grecs que nous reproduisons  d'après une collection de bronzes de Kircher, pourrait bien être la chaussure militaire attribuée à Alcibiade.

Alcibiade ne fut pas le seul grand général de la Grèce qui donna son nom à un genre particulier de chaussure.

Iphicrate, général athénien du plus grand courage et du plus grand mérite, qui devint l'époux de la fille d'un roi de Thrace, était le fils d'un cordonnier. Il avait lui-même travaillé à la chaussure, mais son goût pour les armes l'entraîna jeune encore vers la carrière militaire. Un sot, né de parents illustres, lui reprochait un jour l'obscurité de sa naissance; il lui répondit: « Je serai le « premier de ma race et toi tu seras le dernier de la « tienne. »

Iphicrate a eu l'honneur d'avoir pour biographes : Plutarque, Xénophon, Diodore de Sicile et Cornélius Népos. Ce dernier lui attribue le mérite d'avoir puissamment contribué à repousser le formidable Epaminondas, le plus illustre des héros de la Grèce. Le même auteur dit encore que, sans l'arrivée d'Iphicrate, Lacédémone tombait au pouvoir des Thébains.

La véracité de la biographie d'Iphicrate par Cornélius Népos ne pouvant être mise en doute, nous cédons au désir d'en reproduire les principaux passages.

La gloire éclatante d'Iphicrate rayonne sur la cordonnerie, dont ce héros est doublement issu, puisque, fils de cordonnier, il exerça lui même la profession.

C'était un homme d'un grand cœur, d'une belle prestance, d'un extérieur mâle et doux à la fois. On sentait qu'il était né pour le commandement. Aussi put-il, sans être taxé d'orgueil, répondre en pleine assemblée, à un orateur qui, noble par sa naissance, faisait allusion à l'origine d'Iphicrate, en lui demandant ironiquement qui il était? *Je suis celui qui commande aux autres!* Les bravos de tous approuvèrent cette fière réponse. Dans une autre bouche elle eût semblé peut-être outrecuidante.

Iphicrate joignait à un rare bon sens pratique une élo

quence entraînante. Justin dit qu'il était à la fois un grand capitaine et un grand orateur.

Avec ces qualités, à Athènes, le fils du pauvre, comme le fils du riche, pouvait arriver facilement à un poste important. Dans ce gouvernement démocratique, tout citoyen avait droit de prendre la parole et de développer devant le peuple assemblé ses théories et ses idées sur les moyens à employer pour mener à bien les affaires de la république.

Iphicrate mérita sa célébrité plus encore par les soins incessants qu'il apporta dans la discipline militaire que par ses nombreux exploits. Il n'avait que vingt ans lorsqu'il obtint le commandement, et cependant aucun ancien général ne lui était préféré. Très versé dans toutes les ressources de l'art militaire, il commanda souvent en chef. Son habileté était si grande que jamais son armée n'eut à subir les suites funestes d'une erreur qui lui fût propre ; aussi son influence fut telle qu'il put introduire dans l'armement de nombreuses innovations qui rendirent les soldats plus agiles, en même temps qu'elles les protégeaient plus efficacement contre les coups de l'ennemi. Jusqu'à lui, l'infanterie grecque faisait usage de très-grands boucliers, de piques petites et de glaives courts de lame. Iphicrate remplaça le bouclier par un autre plus commode, plus léger ; il fit allonger les piques et les lames des glaives. Au lieu des lourdes cuirasses d'airain et de fer, il fit fabriquer des cuirasses de lin tissé, rendues presque impénétrables, et très-légères.

Ses connaissances de l'état de son père, qu'il avait

exercé, ainsi que nous l'avons dit, lui permirent d'apporter des améliorations heureuses dans l'équipement guerrier. Des chaussures, à la confection desquelles il prit part sans doute, furent nommées *Iphicratides*.

Sévère, mais juste, Iphicrate joignait à ses hautes connaissances militaires un caractère remarquable et un grand amour pour sa patrie.

Sous la conduite d'un tel général, on croira volontiers Cornelius Népos, lorsqu'il affirme que jamais en Grèce il ne se trouva de troupes mieux exercées ni plus obéissantes au commandement de leur chef. Lorsque le signal du combat était donné, les soldats d'Iphicrate s'établissaient avec ordre et sans le concours d'un commandant, de façon que chacun d'eux semblait avoir été mis en place par le capitaine le plus habile.

Iphicrate surprit un jour un corps de Lacédémoniens alors en lutte avec les Athéniens, et malgré le courage incontestable des soldats de Lacédémone, il les mit en déroute. Pendant le temps que dura la guerre, il dispersa tous les corps ennemis, ce qui lui valut un renom tel que ses soldats prirent le nom d'*Iphicratiens*, comme plus tard à Rome, les soldats de Fabius celui de *Fabiens*.

Lorsque le roi de Perse Artaxerce-Memnon entreprit la conquête de l'Egypte, il demanda à la Grèce, son alliée, 12,000 Grecs et Iphicrate pour les commander. Ce général passait alors pour le plus habile de toute la Grèce.

Théopompe dit qu'il était bon citoyen et d'une haute loyauté, ce qu'il prouva en plusieurs circonstances.

Il atteignit la vieillesse, ayant su par son beau caractère se concilier l'estime de ses concitoyens. Dans ces temps d'agitations populaires, alors qu'il était si facile de tomber du faîte des grandeurs civiques dans l'impopularité souvent la plus injuste, Iphicrate n'eut à se défendre qu'une seule fois d'une accusation capitale, à l'occasion de la guerre sociale. Il fut absous.

Si nous ne pouvons donner un modèle de ses *iphicratides*, nous avons trouvé une *botte grecque* dans la collection d'Hamilton. Willemin ne lui a pas donné d'autre nom que *chaussure des héros grecs*.

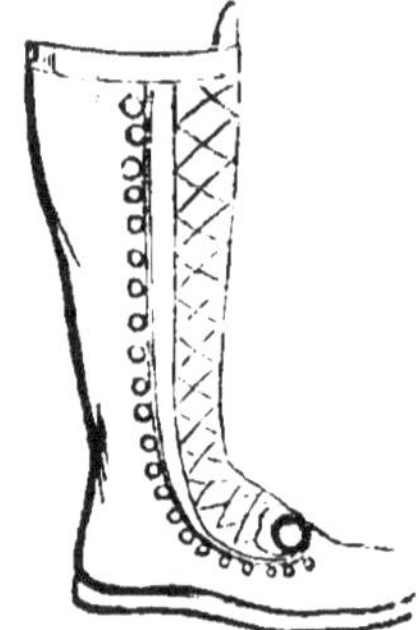

Cette botte, que durent porter les chefs de l'armée grecque, est d'une fabrication de grand goût. Elle devait se chausser comme nos bottes modernes, ainsi que l'indique le tirant. Les ornements étaient fixes sans aucun doute.

La *botte grecque* ne peut être confondue avec le *cothurne usuel* qui se fabriquait invariablement sur une seule forme. Par notre dessin, il est facile de voir que cette chaussure était faite sur deux formes ; c'est évidemment la botte du pied droit que nous donnons ici. Le dessin seul suffit pour l'indiquer à l'œil le moins exercé.

Le cuir des chaussures guerrières était préparé de façon à résister longtemps à l'action de la marche ; il était très dur et très compacte.

Nous offrons à nos lecteurs le modèle d'une chaussure sacrée des Grecs, copiée au musée des antiques du

Louvre, d'après les bas-reliefs d'*Antiope*, *Zéthus* et *Amphion* : le *phécasion*, que portèrent seuls longtemps les prêtres et les sacrificateurs et seulement dans les cérémonies religieuses. On chaussait les dieux avec le *phécasion*, qui était fait de cuir blanc et souple, très-soigneusement préparé et quelquefois de toile blanche très fine.

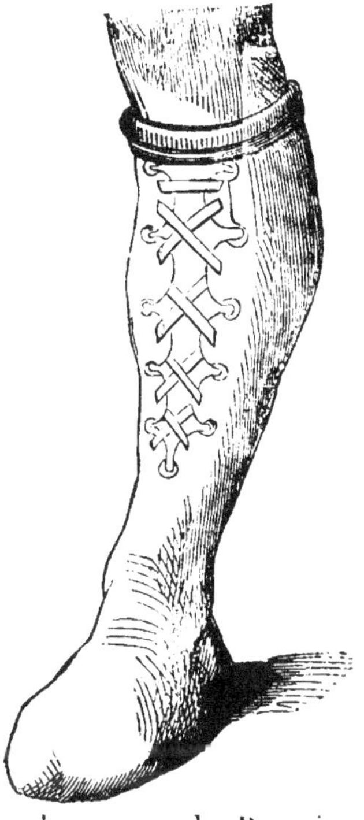

Comme le cothurne, le *phécasion* donna lieu à diverses appréciations contradictoires. Selon quelques auteurs, ce nom était celui d'une *crépide* à l'usage des philosophes grecs. Nous croyons que c'est là une erreur. Que plus tard, cette chaussure, en passant dans les usages des Romains, ait perdu de sa destination première, cela ne nous étonne point ; et que, comme le dit Pétrone, les courtisanes romaines aient affectionné ce ravissant phécasion qui enveloppe si délicatement la jambe, rien de plus naturel. Il fut un temps, à Rome, où l'on ne se piqua pas d'un grand respect pour les Dieux ; mais rien ne nous autorise à penser qu'il en ait été ainsi en Grèce. Les Romains adoptaient les dieux des peuples vaincus ; c'était de bonne politique. Aussi, ils en eurent bientôt une quantité telle qc'ils purent bien ne plus porter à tous une grande vénération.

Quelques écrivains qui désignent le *phécasion* comme une chaussure rustique se trompent étrangement, ainsi que le fait observer fort judicieusement Baudoin :

« L'étymologie du mot phécase, ἀπὸ τοῦ φαικοῦ (*de quelque chose de net*) ne peut admettre une chaussure rustique , qui d'ordinaire est épaisse et lourde. C'était une chaussure fine et légère. Le mot ἐλαφροῦ (*léger, leste*) que joint *Eratosthènes* au mot φαικασιο confirme ce sens. »

Mais sur la forme du *phécasion* que Baudoin donne dans son ouvrage, il se trompe à son tour. Nous donnons le dessin véritable de cette chaussure et nous sommes en cela d'accord avec le bibliophile Jacob et M. Duchesne.

L'*endromide*, ainsi que le *phécasion*, donne une idée du goût exquis de ce peuple qui compte autant de grands artistes que de philosophes et de guerriers célèbres.

Cette élégante chaussure a été le sujet de bien des méprises. Les recherches faites par Antony Rich , dans son *dictionnaire des antiquités romaines et grecques,* qui vient de paraître traduit de l'anglais sous la haute et savante direction de M. Chéruel, n'ont point vidé la question. Ce savant, nous le croyons, a pris des *campagus* pour des *endromides*. Mais, hâtons-nous de le dire, M. Antony Rich, dans ce livre, que les artistes et les archéologues consulteront tous utilement, n'affirme point. C'est ainsi que nous ferions, s'il n'était constant que les sculpteurs grecs eussent fait de ce brodequin léger la chaussure caractéristique de la *Diane chasseresse*.

Les *endromides* étaient un élégant brodequin ajusté, dont se paraient les *coureurs* de jeux olympiques et les gladiateurs. L'*endromide* couvrait une légère partie de la jambe et presque tout le pied, qu'elle était destinée à maintenir solidement pour faciliter les courses ou les luttes. « Diane est souvent représentée les pieds chaussés de l égères *endromides*, dit Clarac. »

Endromide.

L'*endromide* de la Diane à la biche, copiée d'après la statue 178 au Louvre, indique suffisamment l'élégance et la solidité de cette chaussure. Les pieds des coureurs y étaient à l'aise. Tout le contrefort est en cuir orné, la partie formant empeigne et qui prend depuis la naissance des orteils jusqu'au-dessus du coude-pied est également en cuir : le pied entrait facilement par le vide qui existe entre l'empeigne et le quartier. On serrait cette chaussure à l'aide des courroies qui reliaient l'empeigne au quartier.

Le *brodequin phrygien* dont nous reproduisons encore le modèle devait être incontestablement une chaussure

Brodequin phrygien.

en usage chez les grands personnages de la Grèce. Quelquefois on le voit apparaître, légèrement modifié, aux pieds de certaines divinités, même à ceux de la Diane chasseresse, ce qui explique la confusion établie entre ce brodequin et l'endromide.

Ce brodequin phrygien servit d'ailleurs de type à un brodequin grec dont le nom particulier ne nous est pas connu. Il nous est apparu souvent modifié de la façon suivante. Au lieu de peau à l'ouverture de la tige, il était orné de morceaux d'étoffes bouffantes ; la broderie qui entoure la laçure du brodequin est absente, et enfin le brodequin est fermé et garantit les orteils laissés à découvert dans le modèle de notre dessin.

Bien que nous n'ayons plus de modèles de chaussures grecques à reproduire dans ce livre, nous allons continuer de donner la description et, à défaut de description, les noms seuls des chaussures en usage chez les Grecs. Notre travail serait trop incomplet, si nous ne mettions le lecteur au courant du résultat des recherches faites pendant plus de trois ans avec une persistance dont il nous saura peut-être gré.

La *sandale* ou *sandalon*, dont *sandalisque* est un diminutif, fut d'un usage presque général dans toute la Grèce. C'était tout simplement une semelle plus large que le pied et retenue par des lanières de cuir ou par des rubans ; les femmes faisaient quelquefois monter ces rubans, comme ornement, jusqu'au-dessus du mollet. Il y avait des sandales faites de trois ou quatre semelles superposées.

Ménandre et Hérodote nomment cette chaussure *sandalion* ; mais presque tous les poètes comiques, ainsi que les anciens auteurs, disent *sandalon* et plus souvent encore *sandale*.

Les *arbyles*, souliers de ville solidement mais très-simplement fabriqués, pouvaient résister à la boue des chemins. Cette chaussure, spéciale aux hommes, ne dépassait pas la cheville.

L'*arbyloptère* était une sorte d'arbyle que chaussaient

les acteurs chargés de représenter *Mercure, Persée* et d'autres personnages mythologiques. Ces arbyles étaient garnies d'ailes sur les côtés du talon, comme la talonnière de Mercure à laquelle on donnait le nom de *pédilon*.

La *carbatine* tirait son nom des Cariens ; c'était une espèce de bottine grossière en peau brute, exclusivement portée par les paysans. Les *amyclaïdes* étaient des chaussures plus *libérales*. Nous ne faisons que répéter ici l'expression employée par les anciens. Les *carbatines* étaient sans doute les chaussures dont, suivant Homère, Laërte était chaussé. Les semelles des *carbatines* étaient généralement garnies de clous.

Plusieurs auteurs ont prétendu que ces semelles étaient faites en liége recouvert de cuivre ; mais nous croyons que ces fortes semelles étaient en bois ; le clou ne tient pas dans le liége, et il n'y a que le bois ou le cuir qui puissent le retenir. Quant aux empeignes, elles étaient faites en cuir mince, probablement en peau de chèvre, de mouton, de chevreuil ou de tout autre animal de petite race et par exception en grosses peaux.

Le *diabathron*, ou *diabathre*, était un soulier couvert, adopté également par les hommes et les femmes, selon Pollux. Antony Rich dit que c'est une espèce de pantoufle réservée spécialement aux femmes.

Le *blaution*, la *blaude* ou *blaute* était une espèce de sandale très simple, qui ne se chaussait que dans l'intérieur de la maison.

Pollien affirme que les femmes grecques possédaient

vingt-deux chaussures de genres différents, qui pouvaient se classer ainsi : celles qui couvraient tout le pied jusqu'à la cheville, et celles qui n'étaient qu'une simple semelle s'attachant au-dessus du pied avec de larges rubans ou des courroies. Ces dernières se subdivisaient encore en deux espèces : 1° les *rhadies* et les *eumarides*, dont les noms veulent dire aisées, faciles, étaient des pantoufles que les femmes ne chaussaient que dans leurs appartements ou lorsqu'elles faisaient des visites à leurs amies. Dans ce dernier cas, des esclaves portaient derrière elles ces sandales enfermées dans une boîte nommée *sandalathèque*, du nom des chaussures qu'elle contenait. Ménandre, dans sa *Mesogyne*, parle d'une *sandalathèque* couverte d'ornements dorés. Les *rhadies* se pliaient et se roulaient facilement. Elles étaient faites d'étoffes, ornées et brodées de diverses couleurs comme nos pantoufles modernes. Platon et le poète comique Phérécrates font mention de cette élégante chaussure. Les *eumarides* étaient d'invention étrangère, on les fabriquait indifféremment en étoffe ou en peau de cerf. — 2° Les *crépides*, destinées à la marche dans les rues ou dans les promenades publiques, et qui tenaient plus solidement aux pieds, qu'elles enfermaient presque en entier.

Les souliers de femme, ajoute encore Pollien, étaient souvent garnis de quatre semelles de liége, épaisses chacune d'un doigt, et collées les unes aux autres à l'aide du gluten.

Les femmes chaussaient encore les *péribarides*, souliers en forme de bateau qui étaient retenus gracieusement par de larges rubans liés autour de la jambe. Les femmes nobles et libres pouvaient seules porter ces chaussures.

Les élégantes de mœurs faciles, les femmes galantes, les courtisanes, les *hétaires* enfin, enveloppaient leurs pieds dans des chaussures d'étoffes blanches très-légèrement et très gracieusement fabriquées, appelées *persiques* et *mésopersiques* ; elles chaussaient aussi une espèce de pantoufle très gracieuse et très ornée que l'on nommait *baucide*. Ces *baucides* étaient généralement de couleur jaune safran. Elles donnèrent leur nom à une danse lascive, le *baucisme*.

La *caucide* n'était point, ainsi que l'ont dit plusieurs écrivains, un autre genre de pantoufle de femme. C'était la même chaussure que la *baucide* ; le mot seul est d'un dialecte différent.

Les *nymphides*, chaussures virginales, dont nous n'avons pas trouvé de modèles, étaient blanches et de forme légère.

Les *nymphides* étaient exclusivement affectées aux fiancées, lors de la cérémonie de l'hyménée. Les jeunes épouses pouvaient continuer de les porter pendant les premiers temps de leur mariage.

Les *nosides* citées par Baudoin auraient été des pantoufles de malade.

Les *nossides* ou *neossides* étaient des souliers destinés spécialement aux jeunes filles.

Les *basilides* furent la chaussure des rois d'Athènes. Nous ne savons rien sur la forme de ces *basilides*.

Les *baxées* étaient, selon Apulée, la chaussure des phi-

losophes et celle qu'Alexandre le Grand préférait à toutes
les autres. La couleur blanche était aussi la couleur aimée
d'Alexandre. Ces *baxées* étaient quelquefois aussi une simple sandale semblable aux sandales égyptiennes sans
pointe. Elles se fixaient alors au pied par une courroie qui
passait entre les deux premiers orteils et faisait le tour du
coude-pied. D'autres *baxées* avaient des quartiers et des
empeignes fermées comme nos souliers modernes.

Les *schistes* (σχισται), chaussures découpées, déchique-
tées, dans le genre, sans doute, de celles que nous trouverons aux pieds des seigneurs de la France du moyen
âge.

Les *leptoschides*, nom spécial à une sorte de *schistes*
très-légères et très-élégamment confectionnées.

Les *carcines*, chaussure faite de bandelettes en étoffe
ou en cuir.

Les *démocopides*, chaussures que portaient les Grecs
qui briguaient la faveur populaire.

Les *chaussures piquées* (κεντητα υποδηματα), dont les
ornements étaient faits à l'aiguille par les meilleurs ouvriers et ouvrières grecs, étaient les plus soignées
et les plus ornées.

Les *amphisphyres* étaient des chaussures qui enveloppaient la cheville, sans doute des souliers dont
le haut quartier, détaché de l'empeigne à partir du coude-
pied, venait se boutonner sur le bas de la jambe à la
hauteur de la cheville.

Les *acrosphires* montaient au-dessus de la cheville;
ce devait être des *amphisphyres* à quartier très élevé.

~ Les *arnacides* étaient des souliers de peau d'agneau.

⌐ Les *opisthocrépides* devaient être des chaussures montantes en arrière, c'est-à-dire ayant des quartiers élevés.

˄ Le *pédilon*, ou *pédile*, était une sorte de brodequin.

˅ Les *ascères* étaient des chaussures fourrées pour l'hiver.

Les *conipodes* ou *coniopodes*, chaussures découvertes, pour les vieillards et les malades, avaient une semelle mince et douce aux pieds. Cette chaussure était, selon Berlesch, une sandale à quartier.

Les *proschèmes* étaient encore des chaussures destinées aux personnes âgées.

— Les *nyctipédiques*, chaussures pour la nuit, étaient, ainsi que les *gymnopodions*, des espèces de mules comme il est en usage aujourd'hui chez nous d'en avoir auprès de son lit.

Les *hyposchismes* étaient des chaussures très-simples pour hommes.

Citons encore les *calpies*, chaussures en usage dans les jeux olympiques ;

~ Les *onces*, souliers probablement garnis d'un bout relevé, qui formait l'angle et garantissait ainsi les orteils ;

Les *aphractes*, sorte de chaussures ouvertes pour femmes ;

Les *hypichles*, chaussures d'hommes spéciales aux gens du peuple ;

~ Les *autoschèdes*, sorte de mules d'une grande simplicité ;

Les *plœarions*, souliers larges en forme de bateau ;

Les *acontes*, souliers ajustés et pointus en forme de javelots, mentionnés dans les comédies d'Aristophane;

La *thessalide*, dont parle Lysippe dans ses *Bacchantes*, et dont l'origine venait de la Thessalie ;

Et les *campyles*, souliers recourbés, comme certaines chaussures égyptiennes. Si nous avons trouvé des citations répétées de toutes ces chaussures, il ne nous a pas été possible de nous en procurer les modèles.

Il ne nous reste plus, enfin, à noter ici que la *podide*, sorte de chaussure de laine; le *podion*, chaussure de bois ou sabot; et le *dipodion* qui était un chausson en feutre ou des bandelettes dont on enveloppait les pieds pour les mettre ensuite dans le *podion*. Ces chaussons donnèrent leur nom à une danse, la *dipodie*, particulière à Sparte. Il y avait des *dipodions* faits d'un tissu triple, *dipodia trimitina ;* ce qui indique une grande habileté dans la fabrication des tissus.

Euripide, dans ses *Phéniciennes*, dit : « Ils ont des *pélyntres* dans leurs *arbyles* » Ces *pélyntres* étaient des chaussons en peau.

En Grèce, comme aujourd'hui en France, la mode recevait alors son impulsion de tels ou tels illustres personnages; ainsi, les *séleucides*, de Séleucus ; les *alcibiades*, d'Alcibiade ; les *iphicratides*, d'Iphicrate ; les *smindyrides*, du sybarite Smindyridès et, les *diniades*, de Dinias.

Plusieurs villes avaient un mode particulier de fabrication, ou bien une chaussure d'un usage presque exclusif à leurs habitants. Les femmes de

Rhodes portaient des *rhodiaques*. Les *argiennes* étaient une chaussure élégante à l'usage des femmes d'Argos. On appelait *scythiques* des chaussures imitées de celles des Scythes ; enfin, les Grecs avaient encore des *colophoniens*, de l'île Colophon ; des *corinthiennes*, de Corinthe ; des *ambracides*, de la ville d'Ambracie ; des *chalcies*, de la ville de Chalcis en Eubée.

De même que nous avons dans le nord de la France des villes entièrement occupées à la fabrication des souliers, en Grèce, Amyclée, ville de la Laconie, et Sicyone rivalisèrent d'élégance et de goût dans l'art de fabriquer la chaussure. Ces chaussures, qui s'expédiaient dans tout le Péloponèse, portaient le nom d'*amyclées* ou *amyclaïdes* et de *sicyoniennes*, puis, enfin, elles se confondirent sous le nom de *laconiques*, et devinrent toutes deux la chaussure habituelle des Lacédémoniens, alors que les lois sévères de Lycurgue n'y étaient plus observées.

La ville de Sicyone fut de tout temps renommée par son luxe. Ses ouvriers le disputaient en habileté à ceux de Corinthe. Sicyone, indépendante dans l'origine, fut soumise tantôt aux Athéniens, tantôt aux Lacédémoniens.

« Le luxe était fort répandu à Sicyone ; les *souliers* de cette ville passèrent en proverbe. » (Encyclopédie.)

Disons que les philosophes et les gens de mœurs rigides se seraient bien gardés de porter ces élégantes chaussures. Aussi, quand Lysias apporta à Socrate un plaidoyer pour sa défense devant l'aréopage, le philosophe lui dit après avoir lu : « De même que si vous m'eussiez apporté « des chaussures à la *sicyonienne* je ne m'en servirais pas,

« parce qu'ils ne conviennent point à un philosophe, de
« même votre plaidoyer qui me paraît conforme aux règles
« de la rhétorique, me semble peu convenable à la fermeté
« d'un sage. »

Puisque nous venons d'être amené à citer ici le nom
du plus célèbre des philosophes grecs, de l'immortel
Socrate, c'est l'occasion de parler d'un de ses amis qui
fut aussi l'un de ses plus fervents disciples.

Simon d'Athènes était un modeste artisan qui, selon
les uns, eut pour profession la cordonnerie, et selon les
autres, la corroierie. Bescherelle en fait un corroyeur,
et M. H.-A. Berlesch, *dans sa chronique sur l'honorable
profession des cordonniers*, publiée en allemand, il y a
quelques années, à St-Gall (Suisse), affirme que Simon
était cordonnier. L'un et l'autre ont raison. Il est certain que, si la tannerie a été presque constamment
distincte de la cordonnerie et tenue hors de la ville, la
corroierie a souvent été un métier pratiqué par le même
artisan conjointement avec celui de cordonnier.

Socrate allait très-souvent visiter Simon dans son atelier, et passait de longues heures à discuter avec lui sur
les questions transcendantes de la philosophie. Le cordonnier, guidé par un tel maître, n'avait pas négligé de
s'instruire ; il recueillit avec soin les principaux sujets
dont s'étaient alimentés leurs entretiens, et composa *trente-trois dialogues* où il exposa la doctrine de Socrate.

Périclès, qui, pendant quinze ans, fut à la tête de la
République et mérita l'honneur de donner son nom à son
siècle, ne dédaignait pas non plus de venir visiter le cor-

donnier. Il fit plus : désireux de s'assurer le concours d'un esprit aussi élevé que sage et modeste, il promit à Simon de lui assurer son avenir, s'il consentait à vivre auprès de lui. Le cordonnier répondit qu'il ne vendrait pas sa liberté pour tous les trésors de la Grèce.

La demande de Périclès et la réponse de Simon honorent également les deux Athéniens.

Revenons à l'élégante et gracieuse *sicyonienne*. Si des renseignements exacts nous manquent pour indiquer sûrement à nos lecteurs la forme de cette chaussure, que Socrate trouvait trop efféminée pour les pieds d'un philosophe, nous savons cependant que la *sicyonienne* était une sorte de brodequin très-orné et fait de peau légère. Lucien dit, dans son traité du *Maître des Orateurs* : « Prenez une chaussure *ouverte en mille endroits*, semblable à celle des femmes, ou un *brodequin* de *Sicyone, décoré de bandelettes blanches.* »

Ce brodequin de Sicyone, en passant dans les usages des Romains, conserva aussi la même distinction et la même élégance, puisque Cicéron dit à son tour : « Si vous m'apportiez des *sicyoniennes*, je me garderais de m'en servir, quelque légères et commodes qu'elles soient, parce que ce ne sont pas des chaussures d'homme. »

Les *sicyoniennes*, d'après Baudoin, étaient ordinairement rehaussées de pourpre et d'or. Il suppose qu'elles étaient ornées d'ouvertures piquées et brodées, sans doute dans le genre des chaussures à crevés de la renaissance.

Par la *chaussure ouverte en mille endroits*, Lucien indique évidemment les *schistes* ou *leptoschides*, chaussures dont nous avons parlé dans ce chapitre. Le même auteur nous apprend aussi que les élégantes de la Grèce tenaient à faire petit pied : « Les femmes grecques mettent des chaussures de pourpre qui pressent le pied, au point de pénétrer dans la chair. »

Les chaussures grecques étaient fabriquées en cuir, ordinairement teint en noir ou en rouge pour les hommes (*coccinea aluta*, soulier rouge). Pour les femmes, ce cuir était teint généralement en couleurs diverses. Il est à remarquer que les femmes de l'antiquité n'ont jamais porté de chaussures de couleur noire. Les couleurs les plus en usage chez les femmes furent le blanc, le rouge, le jaune tendre, et le vert *hédéracé* (couleur de lierre). Elles n'ont jamais porté non plus cet ornement en forme de lune, qui était le signe distinctif de la chaussure nobiliaire.

Il n'était pas rare de voir des souliers d'homme ou de femme ornés d'or, d'argent et de pierres fines. On donnait le nom de *chrysides* à des chaussures dont l'or formait le principal ornement.

C'est, sans doute, une paire de ces riches *chrysides* que Egée, fils de Pandion II, roi d'Athènes, donna à sa femme Ethra, qu'il quittait pour un long voyage et qu'il laissait enceinte. « Donne cette chaussure à notre enfant, lui dit-il ; ce sera le moyen de me le faire reconnaître. »

Le cordonnier grec se servait de l'alène : cet outil avait deux noms, *rhaphide* et *rhaphion*. Il avait aussi un autre outil indispensable à l'ouvrier qui tient à chausser bien et élégamment ses clients, le *calopodion*, qui veut dire *beau pied*, et que nos cordonniers modernes appellent la *forme*. Ce sont en effet les *formes* qui, habilement préparées, permettent au cordonnier de donner à la chaussure les contours du pied.

Pour travailler le cuir avec autant de soin et de goût que les Grecs, ce n'était pas trop de ces quelques outils.

La fabrication du cuir fut connue des premiers Grecs : *déras* était le nom du cuir brut, de *déró*, j'écorche; et *byrsa* celui du cuir fabriqué. *Byrseus* signifiait corroyeur. On trouve dans Aristophane le surnom *Byrsaietos* (aigle corroyeur), appliqué ironiquement au célèbre Athénien Cléon, qui, fils de corroyeur et corroyeur lui-même, était parvenu au grade de général. Cléon eut quelque temps en main le commandement en chef des armées.

Dans les chaussures guerrières, le fer, l'étain et divers métaux étaient associés au cuir.

Les cordonniers grecs fabriquaient aussi des chaussures en toile et en étoffe de fil, dont le nom générique était *cannabiques*. Parmi les *cannabiques*, nous avons trouvé l'*épisphyrion*, chaussure d'un très-commun usage, fabriquée en toile très-blanche, et quelquefois en poils de chèvre ou de chevreau ; et les *udons*, chaussons de toile. Les Grecs avaient encore un brodequin en feutre nommé *impilie;* et, d'après quelques historiens, les femmes grecques auraient eu des chaussures en filet.

La semelle de la chaussure avait nom *pelma*. On remarquera que le mot *sandale* signifie quelquefois, non pas une chaussure, mais simplement la semelle ; ainsi Céphistodore dit : « Les sandales des leptoschides « qui sont garnies de fleurs d'or. » Ici le mot sandale est pris pour semelle. En effet, quelquefois le côté de la semelle qui touchait le pied était orné de dorure.

Les lanières ou courroies, les bandelettes, les jarretières avaient nom *sphérotères*, ou *sphirotères*, *sphendones* et *périscélides ;* les femmes et les hommes s'en servaient non-seulement pour fixer les sandales aux pieds, mais encore comme ornement.

Les *périscélides* formèrent une partie importante de l'habillement féminin, en raison de la grâce que prenaient la jambe et le pied sous leurs entrelacements capricieux

Les *serpedastres* étaient des bandes, sortes d'*éclisses*, qu'on attachait aux enfants qui commençaient à marcher, pour leur tenir les jambes droites.

Enfin le sabot et la galoche, dont les fabricants de la *Souterraine* (Creuse) ont fait une chaussure moderne si élégante, ont pris naissance en Béotie, où les chaussures en bois étaient d'un usage journalier.

Les *croupales* ou les *croupèzes*, les *croümátes* et le *podion* étaient les noms de ces sabots que portaient les paysans.

Il y avait aussi des *croupézies*, sortes de sandales très-légères en bois, dont on se servait pour la danse.

La *croupézie* fut dans l'origine une simple semelle de bois qui servit aux musiciens pour marquer la mesure. Plus tard on en fit un instrument destiné à faire sa partie dans les chœurs. La *croupézie* formait alors une sorte de soufflet qui, suivant Pollux, était garni intérieurement d'une petite languette de roseau ou de métal ; l'air, en frappant sur cette sorte d'*anche*, produisait des sons plus ou moins fréquents, selon les mouvements du pied. L'*anche* était placée dans la partie qui figure dans notre

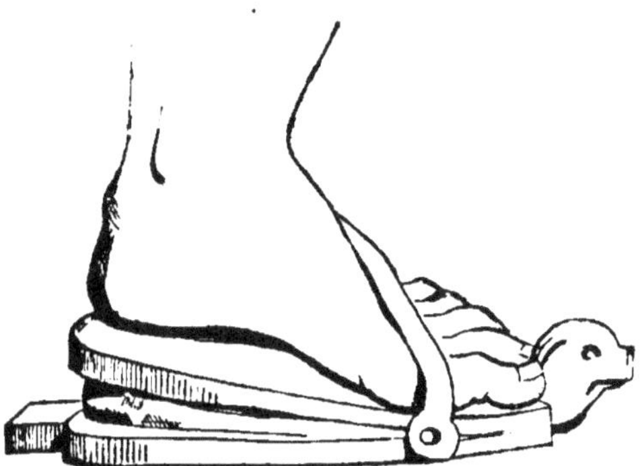

dessin une tête d'oiseau. Ce dessin a été copié au Louvre d'après une statue désignée, improprement selon nous, le *Faune dansant.* Ce Faune est tout simplement un musicien qui, des cymbales aux mains et la *croupézie* au pied, peut faire danser les autres, mais ne danse pas.

Les Béotiens avaient été surnommés *Croupézophores,* c'est-à-dire porteurs de sabots. Les Béotiens riches, nous l'avons dit plus haut, portaient des *embades* ou *embates* en cuir.

Appien donne quelques détails sur la fabrication des chaussures grecques :

« Elles avaient, dit-il, une semelle avec des bords saillants, de la largeur d'un doigt, et pour derrière, des talons en peau ; elles s'attachaient sur le coude-pied avec une courroie. Les personnes de distinction, à Athènes, ornaient leurs chaussures d'un croissant en or ou en ivoire, semblable à nos boucles. L'usage des demi-bottes en cuir avec divers ornements était commun. »

Les élégants de la Grèce ne portaient pas de clous sous leurs chaussures. Si l'on devait en croire Valère-Maxime, les soldats de l'armée d'Antiochus avaient tous des clous d'or à leurs souliers ; mais il est raisonnable de penser que, par clous, cet auteur voulait parler des attaches servant à orner les souliers, et dont les têtes étaient à clous dorés.

Nous n'avons trouvé aucune chaussure grecque avec *talons*, cependant Winkelmann termine ainsi ces quelques lignes consacrées à la chaussure des Grecs : « Je ferai observer que, parmi les différentes chaussures, on ne voit point de talons sur le derrière du pied, si ce n'est aux souliers d'une figure de femme sur un tableau d'Herculanum : la chaussure est rouge, mais la semelle et le talon sont jaunes. Les talons de souliers se nommaient chez les Grecs *kattymata*, et ils étaient composés de petits morceaux de cuir. »

Winkelmann, qui a laissé un nom célèbre dans les arts, ne pouvait se tromper sur la valeur du mot *talon*, que beaucoup d'écrivains ont confondu avec le *quartier*, puisque, fils d'un pauvre cordonnier de Stendal, il fut dans les premières années de sa jeunesse à même de se renseigner dans l'atelier de son père.

Philostrate prétend que dans les temps héroïques de la Grèce, les héros même marchaient pieds nus, excepté lorsqu'ils allaient à la guerre ou à la chasse. Cet historien fait erreur évidemment ; nos dessins de chaussures des Hellènes ou des Pélasges contredisent son assertion. Dans tous les cas, on a vu, par la longue énumération que nous avons faite des chaussures des Grecs, quelle importance cette partie si utile du costume avait su peu à peu conquérir. Aucun pays n'en a produit une variété aussi grande et aussi curieuse. Nos *lionnes* et nos *dandys* parisiens ne pourraient aujourd'hui trouver, dans le plus riche magasin de Paris, un choix aussi varié que le pouvaient faire alors les élégants et les élégantes dans la boutique d'un cordonnier en renom à Athènes

CHAPITRE VI

DE LA CHAUSSURE CHEZ LES ÉTRUSQUES.

Nous avons vu que le soulier à la TYRRHÉNIENNE avait obtenu l'honneur d'être choisi par Phidias pour chausser sa Minerve. Quel était donc le peuple dont le goût s'imposait ainsi à la Grèce, réputée cependant pour son luxe et son élégance ? Les Tyrrhéniens n'étaient autres que les Etrusques, habitants de l'Etrurie ou Thuscie. Cet État italien fut formé de colonies venues de Lydie, selon Hérodote, et, selon Hellanicus, de Pélasges-Thessaliens. Quoi qu'il en soit, c'est 290 ans avant la fondation de Rome que l'Etrurie fut constituée. Ce pays, qui forme aujourd'hui le grand-duché de Toscane et une partie des États de l'Eglise, fut plus tard conquis par les Romains, que les

Etrusques, selon quelques historiens, avaient tenus par deux fois sous leur domination.

Les Etrusques furent un peuple habile au commerce, à l'agriculture et aux sciences ; et Cicéron nous apprend que vers l'an de Rome 600 environ, le sénat désigna six jeunes gens, des plus grandes familles, qui furent confiés à chacun des peuples de l'Etrurie, pour être instruits à la discipline du pays.

« Les Etrusques excellaient surtout dans l'art de la chaussure ; et l'on remarque, dans les représentations figurées qui nous restent, que les personnages apparaissent toujours chaussés, alors même qu'ils sont nus. Les courroies des sandales étaient dorées ; il paraît néanmoins que le soulier étrusque recouvrait une partie du pied. C'est une singularité digne de remarque, que l'usage du moyen âge de recourber la pointe des chaussures se retrouve dans les bronzes de l'Etrurie. » En effet, voici le dessin de la *sandale* étrusque dont parle M. de Golbéry, que nous venons de citer, elle a de grands rapports avec la *poulaine*, qui a fait tant de bruit au moyen âge.

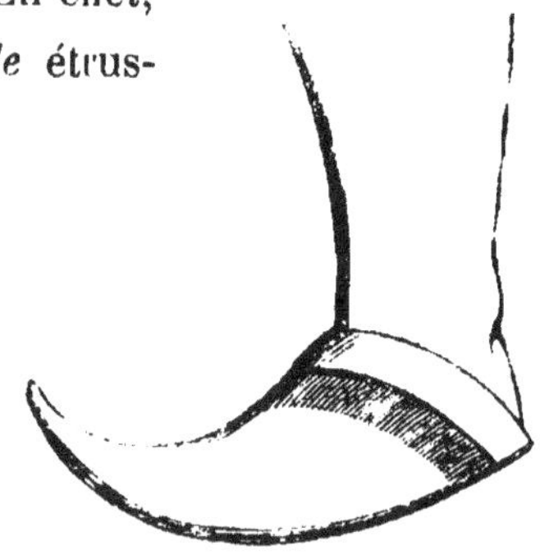

Cette *sandale* est encore aujourd'hui en usage non-seulement en Orient, mais encore en France, où, garnie d'un quartier, elle sert aux hommes de chaussure du matin ; elle prend généralement le nom de *mule*.

Les fameux souliers à la-Tyrrhénienne avaient des semelles en bois ou en cuir, larges de quatre doigts, et des courroies ou bandes ornées d'or. C'était une espèce de sandale richement ornée.

La *bottine à languette* que nous avons trouvée dessinée sur de nombreux vases étrusques, et qui, par sa multiplicité, semble avoir été une chaussure habituelle aux grands personnages de ce pays, est une très-curieuse fantaisie qui atteste une civilisation avancée.

Les Etrusques portaient aussi des jambières de combat qui rappellent beaucoup la *cnémide* d'Agamemnon, dont nous avons donné le dessin, page 143. Mais tous leurs guerriers, aux jambes garanties par cette armure, évidemment faite en cuir surmonté de lames de métal, ont les pieds entièrement nus.

Plusieurs historiens attribuent aux Etrusques l'invention du *mulleus* que les Romains empruntèrent aux rois d'Albe.

Dans ses voyages archéologiques, M. Dorow fit, en 1827, exécuter des fouilles à l'endroit où s'élevait jadis Clusium, résidence de Porsenna, roi des Etrusques; on y trouva une médaille de bronze sur laquelle on voit quatre personnages chaussés d'une bottine ouverte à partir du

coude-pied, et laissant ainsi à nu une partie du pied et
les orteils. Cette *bottine* devait s'ouvrir au dedans et sur
le côté. Notre dessin représente la bottine du pied gauche
et l'ouverture était sans nul doute pratiquée du côté qui
nous reste caché. La tige était en peau mince sur laquelle on appliquait les ornements indiqués sur notre
dessin ; la semelle était en cuir assez fort ; le quartier
était garni d'un contrefort extérieur qui servait aussi
d'ornement. Ces applications de rubans ou de bandelettes en cuir mince, qu'elles fussent obtenues par le collage
ou par la piqûre, indiquent évidemment une grande habileté dans la fabrication.

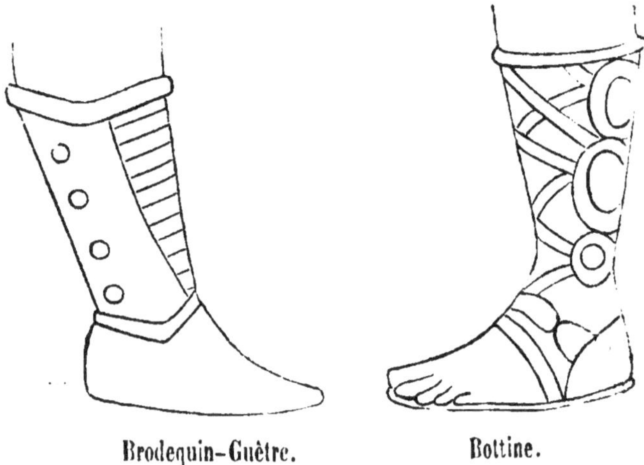

Brodequin-Guêtre.   Bottine.

Le *brodequin-guêtre* était destiné à garantir entièrement le bas de la jambe et le pied. On entrait dans ce
brodequin comme dans une botte moderne, puis on serrait la courroie plate qui servait de lacet, sous laquelle
était probablement placée une peau légère. Les œillères

indiquent suffisamment que la courroie entourait presque entièrement la jambe.

Dans le musée étrusque de Gori nous avons trouvé
ces deux *brodequins ornés* aussi légers qu'élégants. Ils
répondent sans doute aux *sicyoniennes* des Grecs. Cette

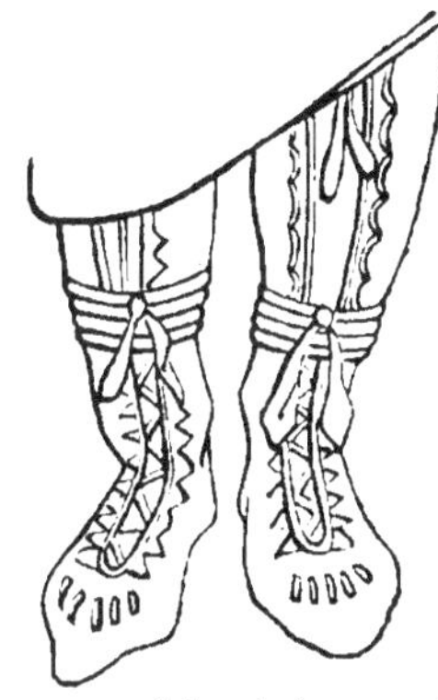

chaussure devait être faite en cuir
mince et mou ; elle atteignait
les genoux et y était retenue
à l'aide de rubans noués, comme
ceux que l'on voit s'enrouler
au bas de la jambe, un peu au-
dessus de la cheville.

Nous donnons enfin le dessin
d'un *soulier découpé*, très habilement fait, laissant le coude-pied
découvert ; la *molletière* est également ouverte sur le de-
vant.

Il est fâcheux que l'on
ignore à quelle classe de
la société appartenait cette
dernière chaussure, dit
M. Ponce. Etait-ce à l'habitant des villes, aux soldats, aux paysans ? Sans

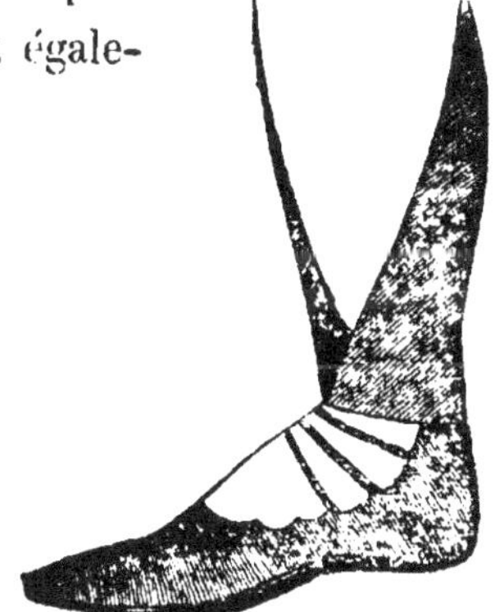

pouvoir plus que lui résoudre la question, nous nous
contentons d'offrir ces dessins à nos lecteurs, en regret-
tant de n'avoir rien de plus à leur donner sur la chaussure de ce peuple, qui en faisait un très-grand usage

si l'on en juge par les peintures qu'il a laissées, et dont les produits étaient très recherchés de la Grèce et de tous les pays voisins. C'est avec les chênes prodigieux de l'Etrurie que se construisaient alors les meilleurs vaisseaux ; beaucoup d'armes étaient fabriquées du fer que les Etrusques tiraient de l'île d'Elbe. Les vases étrusques indiquent aussi jusqu'où ce peuple avait porté l'art de la céramique. Enfin la cire, le miel et la *poix* étaient pour les habitants de l'Etrurie les sources de grandes richesses.

CHAPITRE VII.

DE LA CHAUSSURE CHEZ LES ROMAINS.

Superstition de quelques Romains à propos de la chaussure.
— La *caliga* donne son nom au fils de Germanicus. — Les
phécases d'un philosophe pythagoricien.—La chaussure des
pauvres et la chaussure des parricides. — Les Romains
chaussent leurs chevaux et leurs mules. L'or, l'argent, les
pierreries et les perles sont employés à la fabrication des
chaussures. — Lois concernant les chaussures décrétées par
les empereurs Héliogabale, Aurélien, Constantin. — Les
Romains excellent dans la fabrication des cuirs et des peaux.
— Les femmes participent aux travaux de la cordonnerie. —
La profession a des spécialités diverses et des ouvriers particuliers à chacune d'elles. — Des outils employés par les
cordonniers et les savetiers romains. — Quartiers spéciaux
affectés à la corporation. — La profession de cordonnier
considérée comme un art. — Apollon sandalaire.

Que nous reste-t-il aujourd'hui de ces grandes épopées
qui portèrent à un si haut degré la puissance des Ro-

mains? Que nous reste-t-il de Rome qui fut la maitresse du monde? — Quelques monuments attestant la grandeur de sa civilisation éteinte, peut-être aussi un débris d'institutions judiciaires, civiles et politiques où l'on trouve encore les bases les plus sérieuses de notre droit français. Ainsi d'Athènes, qui eut aussi ses grands jours !

Est-ce que ces deux puissantes matrones de l'antiquité seraient mortes à jamais? — Non. — De même que s'il est permis à quelques cerveaux sans espérance de croire à l'anéantissement complet de l'homme après sa mort personne ne contestera que celui qui a été grand par le cœur ou par le génie avant de devenir poussière, doive laisser dans la mémoire des survivants un souvenir qui se transmettra de génération en génération ; qui donc oserait affirmer que Rome et Athènes, mortes aujourd'hui à nos yeux mortels, ne seront pas toujours vivantes, fécondes et présentes au souvenir de l'humanité ?

L'âme des grandes nationalités ne périt pas, et Athènes et Rome furent les capitales de deux grandes nations. Ces deux puissantes civilisations n'eurent pas seulement le bonheur d'enfanter des hommes de sacrifice qui vécurent pour la gloire de leur patrie, mais elles jouirent de la faveur plus grande encore de ne pouvoir compter, tant ils furent nombreux, les enfants qui surent mourir pour elles.

L'homme juste qui sait vivre est un sage; l'homme qui sait mourir pour une idée sainte ou pour sa patrie est un demi-dieu.

Chaque fleuron de la couronne du Créateur doit être fait de l'âme d'un de ces grands martyrs qui s'appellent ou Socrate ou Décius, ce courageux Romain qui, dans une bataille contre les Latins, se voua volontairement à la mort, espérant ainsi assurer la victoire aux soldats de sa patrie.

Elles sont véritablement grandes les nations qui inspirent assez de foi et de courage aux mères pour les faire offrir, sans hésitation, le sang de leurs enfants au salut de la patrie ; et ces élans sublimes, dont la France de 89 a plus d'une fois donné l'exemple, l'histoire de la République romaine en fourmille.

Les diamants de la terre sont les pierres précieuses de ce monde. Les dévoûments humains sont les diamants du ciel.

Mais laissons aux historiens des peuples l'honneur et la joie de montrer et de relier les unes aux autres ces grandes individualités, qui sont autant de rayons dont était formé le soleil des civilisations éteintes. Chargé d'une tâche plus modeste, cherchons et étudions avec soin, dans les nombreux monuments de la vieille Rome, ce qui peut nous rappeler ses usages, à l'humble point de vue de la profession dont nous essayons ici de tracer l'historique. Que cette digression n'étonne pas trop nos lecteurs cependant ; tout s'enchaîne dans l'histoire, et le costume est aussi une des formes par lesquelles les civilisations nous indiquent les phases diverses qu'elles ont traversées. La chaussure, non moins que les autres parties du costume, révèle à l'œil de l'observateur certains côtés du caractère et des mœurs des peuples qui en ont fait usage.

Ainsi chez les Grecs, l'époque héroïque nous montre des chaussures de combat dont la forme guerrière est déjà empreinte d'un goût inné. La *cnémide*, dont nous avons donné le dessin exact, est un exemple de ce que nous avançons. La *sandale*, la *crépide*, les *embades*, par leur simplicité, s'harmonisent bien avec les mœurs sévères de la République. Sous Périclès, le goût déjà si exercé des Athéniens enfante de vrais chefs-d'œuvre en chaussure, et nous voyons apparaître le *cothurne usuel*, le *phécasion* et l'*endromide*, dont nous avons donné les gracieux dessins et dont les formes délicates rappellent si heureusement l'époque éclatante des Praxitèle et des Phidias : époque puissante dont l'influence devait réagir sur notre monde artistique. Aussi, verrons-nous les Romains, alors que, devenus les maîtres du monde, ils prennent en main le sceptre de la mode, s'emparer du *phécasion* et du *cothurne* des Grecs.

Enfin, quand les mœurs de la Grèce se furent amollies, les *persiques*, les *péribarides*, les *baucides*, les *leptoschides*, les *schistes*, les *sicyoniennes*, semblèrent, par leur afféterie et la prodigalité de leurs ornements, annoncer la décadence du goût et l'énervement du peuple.

A Rome, la *solea*, le *pero*, le *calceus*, la *caliga*, la *crepida*, nous rappelleront, par leurs formes sévères et solides, la rigidité des mœurs de la République romaine. Avec l'Empire et ses splendeurs, viendront l'*ocrea*, le

campagus, les *tzanga*, qui nous révéleront la large part
que prit le luxe dans les mœurs et les usages en vigueur à cette époque de l'histoire. Enfin, plus tard,
les chaussures efféminées, peintes, bariolées et enru-
bannées, caractériseront la décadence de l'Empire et
sembleront préparer la venue de la babouche byzan-
tine, dont la forme lâche et molle est aujourd'hui encore en
si parfaite harmonie avec les mœurs faciles de l'Orient.

Les principales chaussures des Romains étaient la
solea, le *pero* et le *calceus*.

La *solea* était une simple semelle garnissant seulement le dessous du pied qu'elle dépassait d'un ou
de deux centimètres. Les courroies ou lanières de
cuir, qui servaient à la fixer au coude-pied, s'appelaient
généralement *vincula*, quelquefois *instita*.

Il y avait des *solea* de diverses formes : quelques-unes,
au lieu d'être arrondies aux orteils, se terminaient carrément ou formaient légèrement la pointe, juste en face du
doigt du milieu. Les attaches étaient souvent d'une très-
grande simplicité, ainsi qu'on s'étonne d'en voir encore
soutenir la sandale aux pieds des moines de nos ordres
religieux contemporains. Les semelles étaient généralement en cuir ; mais il y avait certaines *solea* dont la
semelle était faite en buis ou en autre bois, on les nommait *buxea*.

La *solea* des plébéiens était une simple semelle que
la courroie retenait aux pieds, en passant d'abord sur les
orteils, puis sur le coude-pied. On fixait la courroie
à l'aide d'un nœud simple, toujours fait à l'œillère qui

est dessinée en face du point de départ de la courroie.

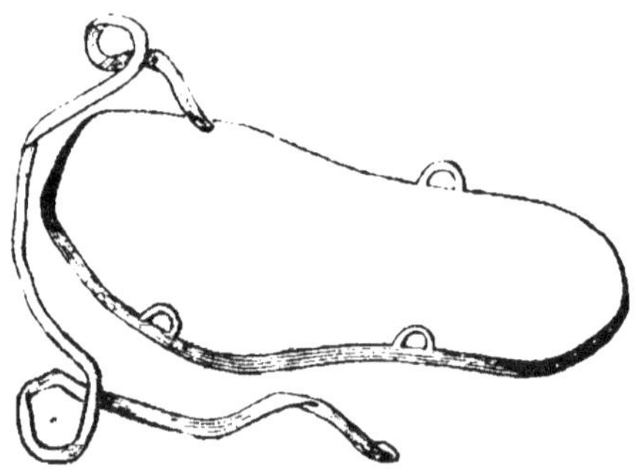

Solea plébéienne.

Cette *solea* est la seule à laquelle on puisse donner à proprement parler le nom de sandale.

La *solea* des gens riches était plus ornée, ainsi que l'indique notre modèle.

Cette *solea* se maintenait au pied avec plus de solidité que la *solea plébéienne*. La courroie large, au bout de laquelle on distingue une espèce de boucle formant le cœur, était fixée à la semelle entre le premier et le second orteil ; et quand les *instita* avaient entouré symétriquement le pied, elles étaient resserrées par cette large courroie à boucle, qui devait être faite d'un cuir épais et solide.

La *solea* de Jason, dit le *Cincinnatus*, est plutôt

un soulier ouvert qu'une *solea* : le quartier existe. l

Solea de Jason.

suffit d'entrer le pied, et de serrer les rubans qui sont
sur le coude-pied, pour le maintenir dans ce soulier.

La *crepida* était une chaussure très commune. Elle ne

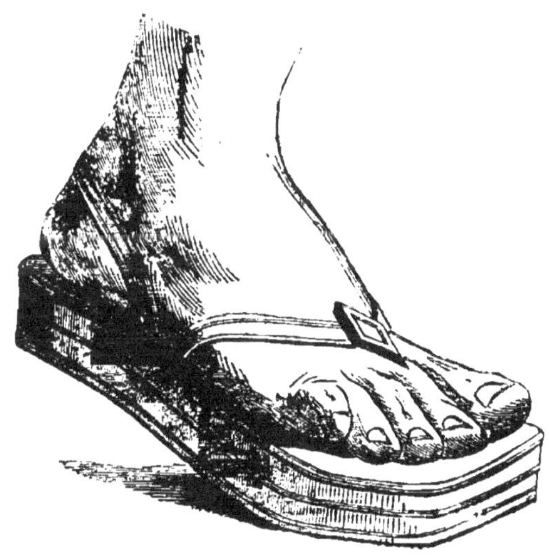

Crepida.

recouvrait pas le pied ; c'était la *solea* dans sa plus grande
simplicité; seulement la semelle était faite de plusieurs

épaisseurs de cuir, quelquefois de bois. Une simple attache fixée au milieu de la semelle entourait le talon, une autre attache entourait les orteils.

Cette chaussure modeste était le plus généralement adoptée par les philosophes et les Romains qui menaient une vie austère. L'épaisseur de la semelle la faisait crier à la marche ; et c'est de ce bruit, en latin appelé *crepitus*, que vint à cette sandale le nom de *crepida*.

Il y avait aussi la *crepidula* qui avait les semelles plus minces que la *crepida*.

Le *pero* était une espèce de brodequin brut qui fut beaucoup porté par les habitants de l'ancien Latium. Ce brodequin était fait de peaux non préparées et appelées *perones*. Le *pero* est une chaussure très-ancienne ; les peuples connus sous le nom de Marci, Hernici et Vestini,

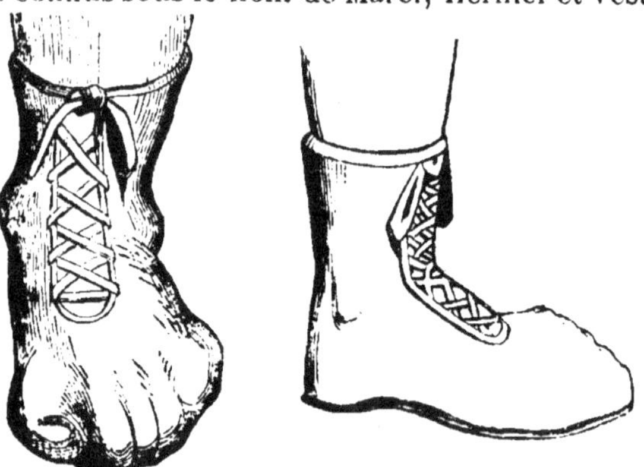

le portaient. Au commencement de la République, le *pero* fut la chaussure de tous les Romains, mais plus tard les paysans seuls le chaussèrent. Il y avait deux formes de *pero* ; nous en donnons les dessins.

Notre premier dessin est copié au Louvre d'après la

statue d'Antinoüs-Aristée; c'est le *pero* primitif. *Corrigia* est le nom des cordons ou lacets qui servaient à fermer ces *pero*. Le second, orné de glands, laisse voir comme une espèce de semelle, ce qui était déjà un grand progrès.

Calceus est le nom générique de la chaussure couverte des Romains, c'est-à-dire des souliers fermés La *solea* était une simple sandale, le *soccus* une pantoufle; le *calceus* un soulier.

A Rome, le nom de *calceus* désignait seulement, on le voit, une variété particulière de la chaussure. Les historiens et les poètes ont souvent désigné sous ce nom les chaussures diverses en usage à Rome.

Le *calceus*, comme la *solea*, variait de formes: les élégants le portaient toujours très-ajusté aux pieds.

Les femmes devaient de même ajuster avec soin leurs chaussures. Aussi Tibulle dit-il de celle qu'il aime : « Elle resserre par coquetterie la courroie qui retient et rapetisse son joli pied, » et le galant Ovide recommande-t-il à sa bien-aimée : « que son pied ne nage point dans un soulier trop large. » C'est encore Ovide qui donne ce conseil aux amoureux : « Empressez-vous de chausser ou de déchausser vos maîtresses selon leurs désirs: »

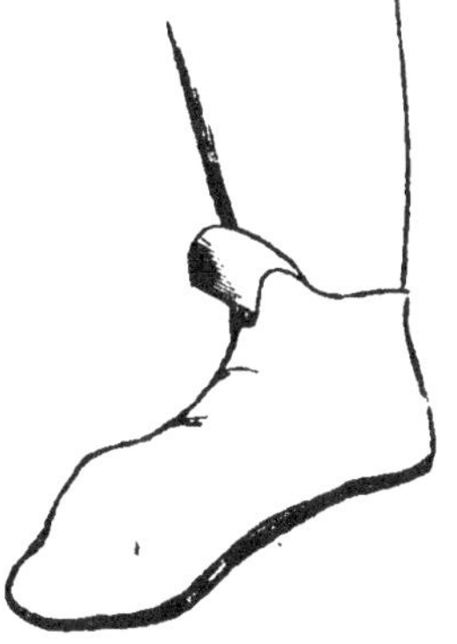

Le *calceus* noir, qui tenait au pied sans le secours de la courroie, était chaussé par les gens de métier; les grands personnages seuls avaient le droit de le faire teindre en couleur pourpre. Plus tard, quand les empereurs l'adoptèrent, ils le firent souvent recouvrir de lames d'or.

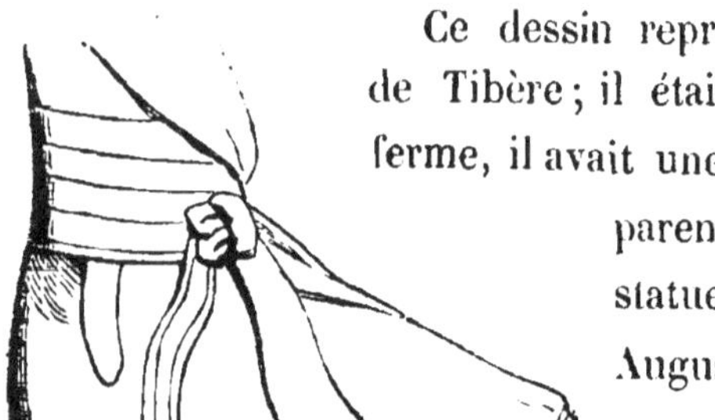

Ce dessin représente le *calceus* de Tibère ; il était fabriqué en cuir ferme, il avait une semelle très-apparente, tandis que la statue de l'empereur Auguste nous montre un *calceus* en cuir souple où les doigts du pied se dessinent sur l'empeigne. La semelle, très-mince sans doute, n'est point visible. Ces dessins ont été copiés au musée du Louvre

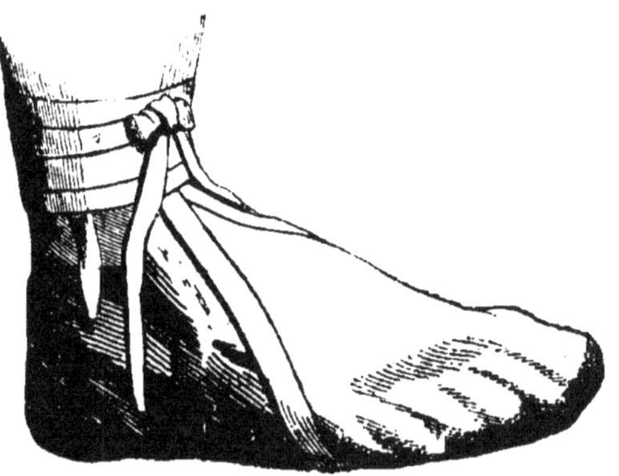

Caiceus d'Auguste.

D'après Suétone, Auguste, non moins superstitieux que beaucoup de Romains, regardait comme le présage d'une mauvaise journée de chausser par mégarde le pied droit dans le soulier gauche ou le gauche dans le droit. Erreur dont il s'apercevait vite, car alors les chaussures étaient invariablement faites sur deux formes, sauf le cothurne.

Pline dit que cette superstition avait été suggérée à Auguste parce qu'il avait eu à réprimer une conspiration militaire, un jour qu'il avait mis son soulier gauche au pied droit.

Ces pronostics eurent tant d'empire sur certains esprits que Pline crut devoir fournir les moyens de s'en préserver : Il est bon avant de se chausser de cracher dans son soulier droit.

Cette mauvaise plaisanterie devait avoir en effet pour résultat de faire rechercher le soulier droit et d'éviter ainsi la funeste erreur !

Aux gens qui se plaignaient d'être suivis par des chiens aboyant après eux, ce qui était encore d'un mauvais présage, Pline recommande de mettre dans leurs chaussures une langue de hyène et les chiens se tairont.

Par saint Augustin nous savons que les Romains poussaient la superstition jusqu'au point de se recoucher, lorsqu'ils avaient éternué en mettant leurs chaussures. D'autres étaient sérieusement effrayés s'ils trouvaient le matin leurs chaussures ou leurs vêtements rongés par les souris. Ils souffraient plus, ajoute saint Augustin, de ce qu'ils considéraient comme un présage de malheur, que d'un mal réel. On cite à ce sujet une repartie de Caton : un Romain le consultait sur ce qu'il devait penser d'avoir trouvé ses *caliges* rongées par les souris : « Je pense qu'il n'y a pas là un grand miracle, lui répondit Caton, il me semblerait plus étrange que vos *caliges* eussent mangé les souris. »

Quand les patriciens paraissaient en public couverts de la toge, ils n'oubliaient pas de chausser le *calceus*. C'eût été manquer gravement aux convenances que d'en agir autrement.

Le *calceus* était donc la chaussure de ville pour les Romains ; les femmes pouvaient seules sortir avec la *solea* sans blesser les usages. Plus tard, l'empereur Caligula parut en public chaussé de la *solea* et permit aux spectateurs de venir au théâtre avec cette chaussure. On

prit dès lors l'habitude de chausser aux fêtes les *solea* ; mais pendant les repas on avait grand soin de les ôter, comme on faisait d'ailleurs des autres chaussures.

Voici les *calcei lunati* que portaient les sénateurs : ces souliers étaient de peau noire. La lettre C que l'on voit se détacher au-dessus du coude-pied était d'or ou d'argent. Ce C ou croissant s'appelait *luna, lunula*. Les sénateurs plébéiens n'avaient pas droit au croissant. On a vu, dit le baron Clarac, des *calceus* avec la lunule en ivoire, non-seulement au coude-pied, mais quelquefois au talon. Suivant quelques historiens, la *lunule* était faite en forme d'agrafe et s'attachait sur le coude-pied; suivant quelques autres, on la plaçait entre la cheville et le talon. Juvénal dit dans sa septième satire : « Est-on « riche, on a la beauté, le courage, la sagesse, la noblesse « et l'élévation des sentiments, le *droit d'agrafer la lu-* « *nule (lunulam)* sur la chaussure noire, etc. »

Presque tous les historiens prétendent que c'est un croissant, mais le bibliophile Jacob et son collaborateur Duchesne, auteurs d'une très-belle histoire de la chaussure, pensent que ce signe représentait l'initiale C de *centum*, nombre auquel étaient fixés les sénateurs dans les premières années de la République.

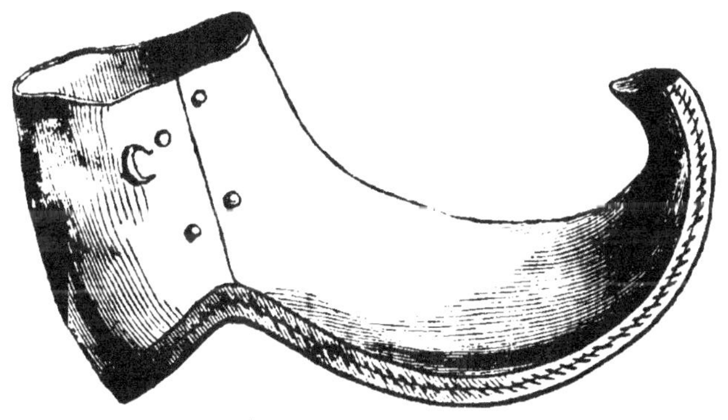

Chaussure curule.

Nous croyons que cette étrange chaussure, donnée d'après Baudoin, faisait partie adhérente de la chaise curule; dans ce cas elle devait être d'ivoire comme la chaise. Il nous semble impossible de marcher avec le talon de ce soulier. C'était, selon nous, une chaussure sénatoriale employée seulement quand le sénateur siégeait. On donne à tort, nous le croyons, le nom de *calceus uncinatus* à cette chaussure ; le *calceus uncinatus* ou *repandus* était un brodequin dont le bout était recourbé; un *mulleus* à pointe, enfin, ainsi qu'on va le voir plus loin.

Le *mulleus* était une chaussure particulièrement affectée à la magistrature et aux enfants des sénateurs. Ce brodequin, emprunté par les Romains aux rois d'Albe, était fait de cuir habilement préparé, très souple, de qualité supérieure et teint en pourpre. Le *mulleus* fut ensuite adopté par les empereurs.

Le *mulleus* avait deux formes très-distinctes : la première ne différait guère du *calceus* noir, si ce n'est par la fabrication du cuir et par l'absence de la languette sur le coude-pied. Il prenait alors le nom de *calceus-mulleus* : c'était plutôt un soulier qu'un brodequin.

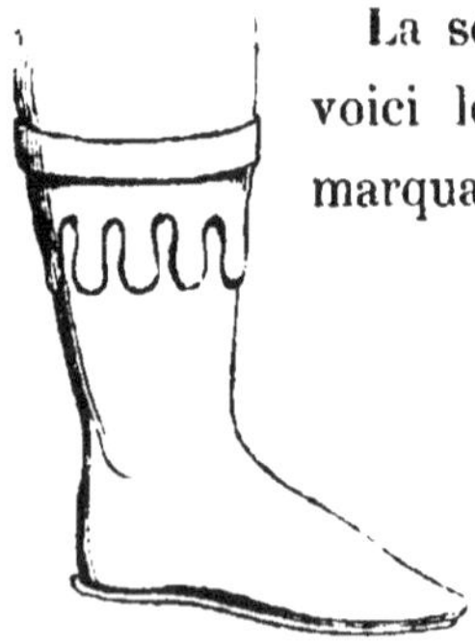

La seconde forme du *mulleus*, dont voici le dessin, était d'une élégance remarquable ; il recouvrait non-seulement le pied, mais encore montait à mi-jambe. C'est à peu de chose près le *cothurne* usuel des Grecs.

Pline attribue l'origine du nom de cette chaussure, toujours teinte de pourpre, au nom d'un poisson rouge appelé *mullus*. Quelquefois le bout du *mulleus* était pointu et recourbé, ce qui le faisait surnommer *calceus repandus* ou *uncinatus*.

Albert Rubens détermine ainsi l'usage des chaussures que nous venons de citer: « Autrefois, dans les premiers temps de la république romaine, les sénateurs ainsi que les autres citoyens ne portaient que des *pero* en cuir cru ; et ceux là seuls qui avaient exercé une magistrature curule faisaient usage du *calceus* en peau et même du *mulleus*. Caton l'indique d'une manière évidente, au livre VII de ses *Origines* : ceux qui avaient exercé une magistrature curule portaient le *calceus-mulleus* en peau ou le *calceus uncinatus,* les autres citoyens le *pero.* »

Le *cothurne* tragique fut aussi en usage au théâtre des latins ; notre dessin et l'explication que nous en donnons au chapitre V suffisent à nos lecteurs. Si le cothurne fut la chaussure des acteurs tragiques, le *soccus* fut chaussé par certains acteurs comiques. Cette chaussure devint celle des paysans et des gens de petite fortune.

Le *soccus* dont nous donnons le dessin est un soulier-pantoufle.

Ce *soccus* fut d'abord, en dehors du théâtre, une chaussure exclusivement réservée aux femmes. On la fabriquait en étoffe de laine, de lin, et en poil de chevreau. Il est probable aussi qu'il y eut des *soccus* en peau, ainsi devaient être ceux que portèrent les Romains de petite condition. Sénèque, Suétone et Pline, cités par Anthony Rich, constatent que toutes les fois qu'un Romain se présentait avec le *soccus*, ailleurs que sur la scène, il manquait aux usages nationaux. Ces auteurs font allusion aux patriciens de

Rome, car il est incontestable que le *soccus* fut en très-grand usage chez les plébéiens.

Le *socculus*, diminutif de *soccus*, indique une pantoufle du même genre, mais plus petite et plus légère.

Le brodequin de la comédie, chaussé par les acteurs représentant les personnages nobles, n'était autre que le *brodequin-mulleus*.

La lubrique épouse de l'empereur Claude, Messaline, portait un *soccus* fait sans doute d'étoffe légère et orné. Lucius Vitellius, père d'Aulus Vitellius, qui devint l'un des tyrans les plus ignobles dont fut jamais souillé le trône des empereurs romains, imagina une flatterie singulière à l'égard de Messaline, ce qui lui valut la faveur de cette impudique impératrice, toute-puissante sur l'esprit faible de l'empereur Claude. Suétone dit que Vitellius sollicita de Messaline l'honneur de la déchausser et de conserver son *soccus* du pied droit, qu'il affecta de porter constamment entre sa toge et sa tunique. Puis prenant de temps à autre ce *soccus*, il le baisait publiquement et le replaçait sur son cœur. Sa flatterie lui réussit au point qu'à sa mort le sénat romain, alors tombé dans le dernier degré de la bassesse, lui éleva une statue avec cette inscription : *à celui qui était d'une piété inaltérable envers son prince !*

La couleur habituelle des *soccus* était le jaune clair. C'est orné de broderies diverses et de pierreries que les courtisanes romaines portaient le *soccus*.

Les soldats romains chaussaient la *caliga ;* de là par extension *caliga* (profession de soldat) et *caligatus* (simple soldat). Cette chaussure donna son nom à Caïus, fils de Germanicus, nom qu'il conserva même lorsqu'il parvint à l'Empire. Ausone dit de lui : « Ce César à qui les camps donnèrent le nom d'une chaussure. » Les soldats ayant remarqué que ce tout jeune fils de Germanicus, général qu'ils adoraient, portait toujours cette chaussure, le dotèrent du surnom affectueux de *Caligula* (petit soldat). Ils le lui conservèrent même lorsqu'il fut devenu homme. De même, à une époque plus récente, les soldats français confirmaient à l'empereur Napoléon Ier le titre de *petit caporal*, surnom que lui avait donné ironiquement Barras, à son retour d'Egypte.

La *caliga* était chaussée par le centurion comme par le simple soldat. Elle laissait les orteils à découvert. C'était une semelle épaisse garnie de courroies larges qui prenaient de la cambrure jusqu'au talon ; quelques-unes remontaient au-dessus de la cheville.

La *caliga clavata* était une chaussure à semelle en bois ou en cuir garnie de clous en fer. La tête du clou était pointue ainsi qu'on peut le voir à la page suivante. Les clous étaient fournis par les soldats en temps de paix, mais en temps de guerre on faisait des distributions gratuites de ces clous appelées *clavarium*.

Il y avait des *caliga* avec des clous non-seulement sous la semelle, mais encore dans l'épaisseur appelée

aujourd'hui la *lisse*. Ces clous faisaient l'office d'épe-
rons. C'était la *caliga* de la cavalerie, et Juvénal dit

Caliga clavata.

qu'avec ces clous les cavaliers déchiraient à plaisir les
vêtements de ceux qui passaient près d'eux. Ces clous
étaient quelquefois d'argent ou d'or, selon
les grades et la fortune de ceux qui chaussaient la *caliga clavata*.

Cette *caliga* garnie de clous pointus devait maintenir le pied du soldat romain dans
les combats, qui avaient toujours lieu corps
à corps.

La *caliga speculatoria* était portée par
l'infanterie légère; en effet, la semelle en
était beaucoup moins lourde que celle de la
caliga ordinaire. Ce dessin a été pris sur
l'arc de Constantin à Rome.

Il y avait encore la *caliga prætoriana*. Elle différait de la *caliga* précédente en ce qu'elle était plus ornée. C'était, comme son nom l'indique, la chaussure des prétoriens.

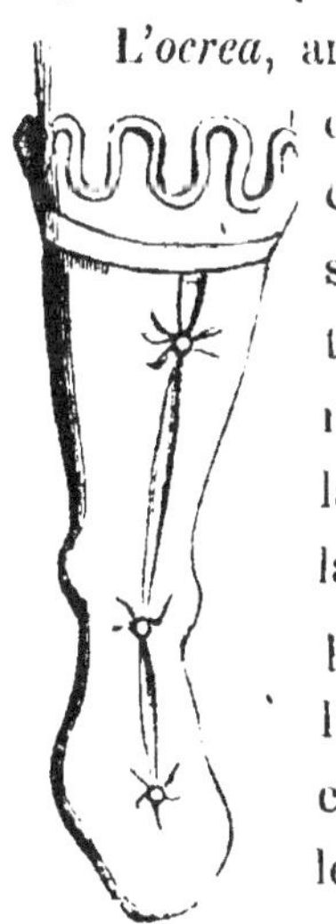

Il y avait enfin une *caliga* fermée qui formait le brodequin. Cette *caliga* a été prise sur une statue de l'empereur Caligula qui, nous l'avons déjà dit, conserva cette chaussure même lorsqu'il fut empereur.

Les grands chefs militaires chaussaient seuls l'*ocrea*, bottine montante, fermée avec trois boutons ; quelques hauts dignitaires la portaient recouverte d'or et d'argent, quelquefois simplement faite de métal.

L'*ocrea*, armure de fer ou d'airain, quelquefois d'argent et d'or, n'était portée que par ceux qui revêtaient la cuirasse. Dans son remarquable traité sur les institutions militaires, Végèce dit que l'*ocrea* ne se mettait qu'à une seule jambe ; à la droite pour ceux qui combattaient la jambe droite en avant ; à la gauche pour ceux qui présentaient celle-ci à l'ennemi. Il en était ainsi chez les archers, les frondeurs et autres troupes légères. Mais à part ces troupes spéciales, les chefs militaires avaient une *ocrea* à chaque jambe.

L'*ocrea* en cuir que représente notre dessin, est une bottine qui ne manque pas d'élégance. L'ornement qui couronne la tige était probablement fait en métal.

Il y avait aussi l'*ocrea-armure*, qui était distincte de la chaussure. Avant d'entrer le pied dans cette *ocrea*, on

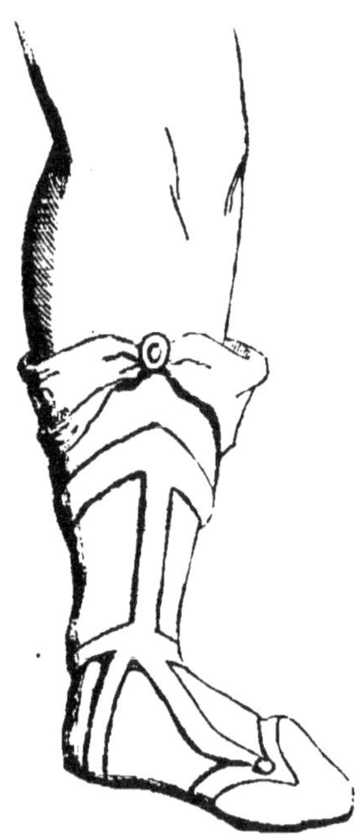

chaussait une espèce de bottine faite en cuir très souple, et qui retombait, en ornant la jambe, sur un cercle fait du même métal que les bandes apparentes dont notre gravure donne les formes diverses. Ce cercle se fixait par l'agrafe ou bouton qui fermait l'*ocrea*.

Les *obstrigilla* étaient tout simplement des souliers de la forme moderne dite *napolitain*, moins l'empeigne. Cette chaussure s'attachait sur le coude-pied à l'aide d'un cordon qui passait dans les deux trous faits aux quartiers.

Nous reproduisons, à la page suivante, une chaussure dont le nom n'a pas été indiqué et qui n'est autre qu'un *obstrigillum*, orné d'une languette rabattue sur le coude-pied. Elle fut portée par Posidonius, philosophe romain, qui eut pour disciples

Cicéron et Pompée. La languette de cuir qui recouvre le coude-pied se nommait *lingula*. Ce soulier, dont la

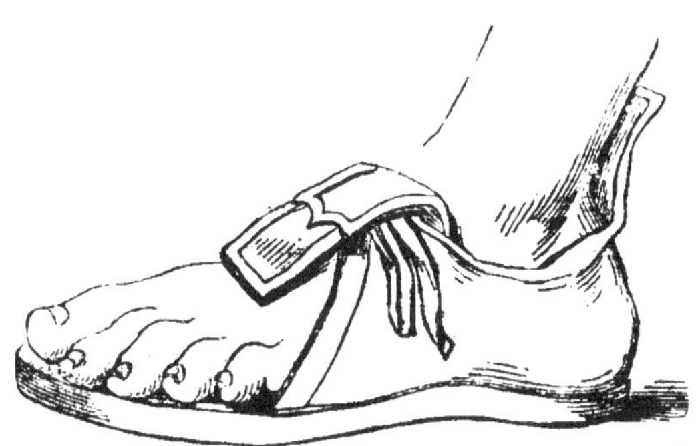

Obstrigillum de Posidonius.

forme devait être très commode au pied, a été copié au musée des antiques du Louvre.

Le *campagus* des Romains était d'origine phrygienne : il avait diverses formes ; voici le modèle le plus usité.

Le *campagus* est une sorte de brodequin dont la semelle est assez épaisse. Le pied et le bas de la jambe y sont solidement maintenus. C'était la chaussure des empereurs ; mais avant qu'il ne devînt exclusivement la chaussure impériale, consulaire ou sé-natoriale, le *campagus* était une chaussure très-répandue · seulement alors elle était noire au lieu d'être teinte en pourpre. La couleur pourpre, depuis l'empereur Gallien, fut spécialement consacrée au costume des empereurs et des triomphateurs; quiconque en eût indûment fait usage, eût été puni de mort.

Voici une nouvelle forme de *campagus*; on pourrait la nommer *campagus - soulier*, en opposition avec la précédente dont le nom serait *campagus - brodequin*. Ce dernier laisse voir une partie du pied, en plus des orteils qui sont libres ainsi que dans l'autre *campagus*.

Le *campagus reticulatus*, c'est-à-dire fait en mailles de filet, fut encore en usage chez les empereurs romains. C'est d'après Baudoin que nous en donnons le dessin.

Campagus reticulatus

Le *phœcasium*, chaussure empruntée aux Grecs, et

dont noús avons donné le dessin dans le chapitre précédent, était affecté aux dieux et aux prêtres.

Les courtisanes, dit Pétrone, portèrent également le phœcasium. Cette chaussure *sacrée* faisait ressortir avec tant de grâce la beauté du pied et de la jambe.

Il y avait une espèce de *phœcasium* d'une grande simplicité. Sénèque le donne pour chaussure habituelle aux philosophes. A ce sujet il cite l'anecdote que voici.

« Un philosophe pythagoricien avait acheté des *phécases*, choses de grande valeur, dit-il ironiquement. Notre philosophe n'avait point d'argent en bourse, mais il obtint crédit du cordonnier. Quelques jours après il revint pour payer son acquisition. Il trouva la porte close, et il frappait depuis longtemps, lorsqu'un voisin lui dit : A quoi bon perdre plus longtemps ta peine, l'homme que tu cherches a été enlevé et brûlé ! » Sénèque ne s'explique pas sur l'accident arrivé à ce malheureux cordonnier. « Notre pythagoricien rapporta chez lui, sans trop de déplaisir, l'argent destiné à l'infortuné créancier. Plus tard il se blâma de la joie secrète qu'il avait éprouvée à ne pas rendre la chose due, et il retourna à la même boutique. A travers une petite ouverture que présentait la porte fermée, il introduisit ses quatre deniers et revint chez lui la bourse et la conscience plus légères »

On voit que notre philosophe avait la conscience honnête et que le *phœcasium* des Romains n'était pas toujours une chaussure d'un grand prix. Les quatre deniers représentaient une valeur d'environ 1 fr. 60 c. de notre monnaie.

Il nous paraît certain que le *phœcasium* des philosophes était une chaussure qui ne différait du *phœcasium* des prêtres que par la matière employée dans sa fabrication. Pour les prêtres on le fabriquait en cuir souple et blanc ou en étoffe d'une grande finesse ornée de broderies (voy. p. 165). Pour les philosophes, le *phœcasium* était tout simplement fait de cuir noir commun. Le prix rendait les *phécases* d'un usage vulgaire; et c'est à ces chaussures sans doute que Pétrone fait allusion, lorsqu'il fit répliquer très-vertement à un mauvais sujet qui se disait mensongèrement *légionnaire* : « Est-ce que dans votre armée les soldats vont en *phécases* ? »

Après la Grèce, à laquelle Rome fit de nombreux emprunts, aucun pays n'offrit une aussi grande variété de chaussures. Nous allons citer quelques remarques et usages concernant la chaussure que nous avons trouvés dans les travaux divers des historiens de l'antiquité.

Il est certain que les esclaves n'avaient pas le droit de porter des chaussures. Ils frottaient la plante de leurs pieds de craie ou de plâtre et marchaient pieds nus.

C'était pour protester contre une semblable exclusion que plusieurs philosophes voulurent sortir nu-pieds dans les rues de Rome.

Dans tous les cas, l'usage de la chaussure était général, puisque aller pieds nus semblait un sacrifice. Lorsque la sécheresse avait été grande, les Romains pour implorer une température meilleure, faisaient des processions où ils assistaient nu-pieds. Ces processions prirent le nom de *nudipedalia*.

Les esclaves dénouaient les cordons des souliers de leurs maitres et gardaient les chaussures quand les Romains les quittaient lors de leurs repas qu'ils prenaient toujours couchés. De cet usage viennent ces paroles de Jean-Baptiste en parlant de Jésus : *Je ne suis pas digne de délier les cordons de ses souliers.*

Les classes indigentes chaussaient de lourds sabots ou souliers de bois. Cette chaussure était affectée aux condamnés pour crime de parricide, dit Adam, dans ses *Antiquités Romaines.* Triste rapprochement ! Pourquoi chausser de même les plus grands criminels et les plus pauvres citoyens de la nation ?

Le *sculpone* était également une chaussure en bois portée par les habitants de la campagne. Cette chaussure devenait une arme terrible quand ils se querellaient entre eux, car, selon Plaute, ils s'en frappaient quelquefois le visage.

Les *udones*, dont les Romains se servaient aussi, étaient des chaussures faites de poil de chèvre et de laine; elles venaient de la Grèce, où elles portaient le nom d'*udon.*

Les Romains chaussaient même leurs chevaux et leurs mules de chaussures mobiles, qu'ils ajustaient aux pieds de manière à ce qu'on pût les ôter et les mettre à volonté ; elles étaient de joncs, de fer et quelquefois, on l'a vu, d'or ou d'argent.

Sous la République, le luxe des chaussures fut moins grand que sous les empereurs ; cependant, il n'était pas très-rare de voir les dignitaires de la République porter à leurs chaussures des semelles d'argent ou d'or. Voulaient-ils montrer, les patriciens superbes ! que l'or, ce corrupteur puissant, méritait d'être foulé aux pieds ?

Les empereurs romains et les impératrices portèrent des chaussures sur lesquelles on avait brodé un aigle en perles et en diamants. Certes, il fallait au cordonnier toute la délicatesse et tout le bon goût d'un artiste pour *monter* ces chaussures. Les *sutrices*, ouvrières en chaussure, étaient probablement chargées des broderies.

Notre dessin représente une chaussure adoptée spécialement par les empereurs, les *tzanga*, qui étaient toujours teints de couleur pourpre et ornées de l'aigle. Dans le code Théodosien on remarque que Arcadius et Honorius promulguèrent des lois condamnant à l'exil et à la confiscation de leurs biens ceux qui oseraient s'attribuer l'usage des *tzanga*, chaussures exclusivement réservées aux empereurs.

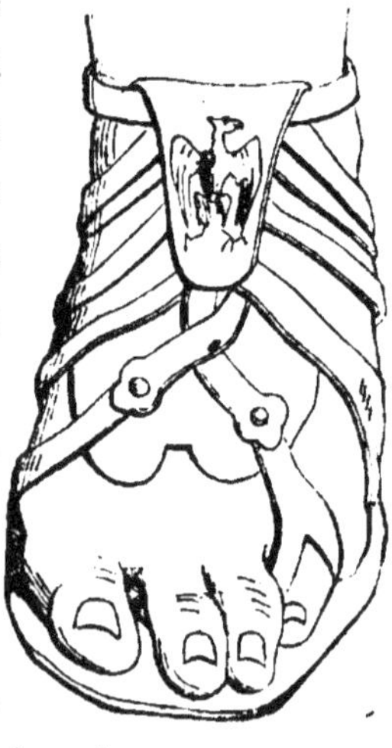

Les *tzanga* jouirent longtemps après de ce privilége : Georges Phranzez, dans sa chronique, dit, entre autres choses, sur la prise de Constantinople par les Turcs : « Ils lavaient le corps des morts pour tâcher de reconnaître le corps de l'empereur, ce à quoi ils ne purent parvenir. Ils ne retrouvèrent qu'un cadavre défiguré qu'ils reconnurent par les chaussures impériales sur lesquelles (comme c'était l'usage) des aigles brodées d'or étaient visibles. »

Les dames romaines suivirent l'exemple des empereurs, et Pline dit : « Nos dames ne se contentent pas « d'orner leurs souliers de pierres et de joyaux, elles « en garnissent encore les pantoufles qu'elles portent « dans leurs appartements ; les pierres précieuses même « ne leur suffisent pas, elles doivent, pour être à la « mode, marcher sur des perles et fouler à leurs pieds « des ornements royaux. »

Ce luxe inouï ne peut être révoqué en doute. Nonseulement tous les historiens le constatent, mais, dans sa comédie des *Bacchides*, Plaute fait répondre par un valet à qui l'on demande si un certain Théotime est riche : « Vous me demandez si un homme est riche, « lorsqu'il porte des semelles d'or à ses souliers ? »

Pour ne laisser aucun doute à nos lecteurs sur l'usage des chaussures en argent, en or et ornées de pierreries, nous croyons utile de reproduire en partie le très-curieux chapitre que Benoît Baudoin a consacré à ce sujet. Avant d'être un savant distingué, Baudoin commença par être ouvrier cordonnier comme son père. Cette particularité donne plus de poids aux appréciations de l'auteur.

« Jusqu'où ne s'est pas égarée la vanité des hommes dans le luxe de la chaussure et du vêtement ? N'était-ce point assez, comme le dit saint Gérôme, de filer dans une trame le prix d'une ferme pour accroître la pompe et la splendeur du vêtement, qu'il fallût encore se chausser d'argent, mettre l'or sous les pieds et ne marcher qu'avec des perles! plus encore! recouvrir *entièrement* les pieds d'or, d'argent et de pierres précieuses ! Les monuments des auteurs anciens nous montrent des chaussures d'or aux pieds de beaucoup de personnages. Curtius, lorsqu'il décrit l'habillement d'un grand-prêtre, dit : « Son habit rehaussé d'or et de pourpre lui recouvrait les jambes. Ses souliers d'or étaient enrichis de pierreries. » Sénèque, lorsque César quitte le costume national pour revêtir les ornements étrangers, s'exprime ainsi : « Ceux qui prétendent l'excuser disent que César n'agissait pas ainsi par vanité. Ils affirment que ce n'est qu'à leur instigation qu'il s'est présenté en public chaussé d'un brodequin doré et même d'or, orné de perles. »

« On voit par cette citation que l'or plein est parfaitement distingué des ornements simplement dorés; personne ne pourra donc admettre que ce fut seulement une chaussure couleur d'or, ou recouverte de feuilles dorées.

« De même, au rapport d'Alexandre de Naples (Alessandro-Alessandri), Démétrius, fils d'Antigone, poussa la vanité au point de se chausser d'un *calceus d'or*. A ceux qui objecteraient que des chaussures de ce genre devaient être non-seulement inutiles, mais encore singulièrement incommodes en ce sens surtout que les pieds tendres et délicats de ces hauts personnages n'auraient pu supporter la dureté et le poids de ce métal, je réponds d'avance que ces chaussures n'étaient pas coulées en or solide, mais faites d'une étoffe flexible tissée en fils d'or et d'argent. D'ailleurs ces chaussures n'étaient en usage que les jours d'apparat, pour l'ostentation et la majesté du port. Quelquefois, par métonymie, les semelles seules étaient d'or ou d'argent et l'on disait néanmoins *calceus d'or* on d'argent. »

« Cette application des semelles d'or, dans le but va-niteux de donner une idée de ses richesses, se comprend mieux encore lorsqu'elle est sous les chaussures des grands personnages que lorsqu'elle a lieu aux pieds des animaux. Cependant Pline affirme que ce fait a eu lieu (liv. 33, chap. 2) : « Poppée, épouse de l'empereur Néron, avait l'habitude de faire mettre à ses plus beaux coursiers des fers d'or. » De l'or aux pieds des chevaux ! n'est-ce pas la dernière limite de l'ostentation ! »

« Maintenant, continue Baudoin, dois-je parler après les chaussures d'argent et d'or, de celles qui furent rehaussées de pierreries ? On ne trouvera peut-être pas trop ennuyeux que je recherche si les anciens ont fabriqué des étoffes rehaussées de pierreries et s'ils ont parfois porté des chaussures faites de ces riches matières.

« D'après Eutrope (lib. 9), avant Dioclétien, les empereurs se contentaient des hommages du public, mais Dioclétien ordonna qu'on rendît à sa personne les honneurs divins ! C'est pourquoi il ajouta des ornements de pierreries à son costume et jusqu'à ses chaussures. Autrefois l'insigne de la dignité impériale ne consistait que dans la chlamyde (manteau) de pourpre. Dans le passage cité d'Eutrope, les pierreries brillent d'un éclat non douteux sur les chaussures de Dioclétien, comme sur sa chlamyde. Sur le même sujet, Pomponius s'exprime ainsi : « Après sa victoire sur les Perses, Dioclétien ordonna qu'on lui rendît les honneurs divins, qu'on lui baisât les pieds, et décorât d'or et de pierreries ses chaussures. »

« Le luxe habituel d'Héliogabale, qui avait précédé de longtemps Dioclétien sur le trône impérial, ne le cédait en rien à ce dernier. Lampridius dit : Héliogabale eut des chaussures garnies de pierreries, même sculptées, ce qui excita le rire de tous ; en effet, il était impossible de distinguer sur les pierreries qui ornaient ses pieds les travaux dus au talent des sculpteurs. Le même auteur, parlant de ces mêmes pierreries, dit à propos d'Alexandre Sévère : « Il porta sur ses vêtements et sur ses chaussures les pierreries dont Héliogabale s'était paré. »

Les princes de l'empire ne furent pas seuls à rechercher pour leurs chaussures ces ornements précieux. Des personnages d'un rang moins élevé en prirent l'habitude et principalement les femmes si avides de ce qui est élégant et recherché dans le vêtement. Tertullien reprend très-durement le luxe inouï des femmes : « Leur bonheur est de pouvoir souiller de boue les perles de leurs chaussures. »

Benoît Baudoin termine ainsi ses réflexions : « Par ce qui précède, on peut voir que des ornements, des bijoux, des perles, étaient appliqués non-seulement aux chaussures légères que réclame un terrain sec, mais aussi aux chaussures plus épaisses et plus élevées qui servent à préserver le pied de l'humidité et de la boue ! »

L'empereur Héliogabale n'admit jamais, disent quelques historiens, deux fois la même femme à l'honneur de sa couche et ne mit jamais non plus la même chaussure deux fois !

Il est question d'une loi, décrétée par cet empereur, qui permettait seulement aux femmes de qualité de porter des chaussures couvertes d'or, d'argent et de pierres précieuses.

Ce même empereur établit un sénat de femmes chargé de discuter les modes!

C'est sous l'empereur Aurélien, plus de cinquante ans après cet Héliogabale, qui, par ses mœurs honteuses, est resté un opprobre pour l'Empire et l'humanité, que l'habitude de peindre les chaussures motiva un nouvel arrêt qui réglementait la chaussure et défendait aux hommes de porter des chaussures peintes.

Les courtisanes furent, selon Perse, les femmes qui portèrent l'élégance de la chaussure au plus haut degré chez les Romains. Les pieds féminins ont toujours eu la puissance de faire tourner la tête des hommes. Les courtisanes adoptèrent les premières la couleur rouge, interdite alors aux femmes. Cependant les dames romaines s'indignèrent de ce que les courtisanes seules eussent droit à ces chaussures élégantes, et l'empereur Aurélien, cédant à leurs vives réclamations, leur en permit l'usage, tout en en privant les hommes.

La couleur verte était spécialement désignée comme contraire à la dignité de l'homme.

Ainsi qu'on peut le voir, chaque rang de la société

romaine avait sa chaussure distincte, ce qui donna naissance au proverbe romain : *calceos mutare* (changer de souliers), pour dire changer de condition.

Les souliers des patriciens montaient jusqu'au milieu de la jambe et étaient retenus par quatre aiguillettes ; les souliers des plébéiens n'avaient qu'une seule courroie et ne devaient pas dépasser la cheville. Les chaussures des pauvres, nous l'avons vu, étaient le plus souvent faites en bois grossier ; nous avons fait remarquer que cette chaussure lourde et pénible à traîner était celle qu'on infligeait aux criminels; cet usage ne semble-t-il pas démentir cet adage : *pauvreté n'est pas vice?*

La semelle de liége était très-employée à Rome, non pour garantir de l'humidité, mais pour élever la chaussure. Une taille haute étant très admirée chez les Romains, les petits hommes avaient recours à la semelle de liége ; cette coutume d'adapter du liége aux semelles des chaussures venait des Perses. Martianus Capylla parle de la fabrication de chaussures en papyrus, importé d'E-gypte, dont on se servait chez les Romains, et Salmatius définit la confection de ces chaussures qu'auraient portées des sénateurs et des patriciens. Quoi qu'il en soit, le pa-pyrus n'a pas été d'un long emploi à Rome où les chaus-sures étaient préférablement faites de cuir ou de bois.

Les Romains avaient d'excellents cordonniers, *sutores;* d'habiles ouvrières, *sutrices,* ce qui veut dire ouvrières en chaussures; des savetiers, *sutriballi,* et de très-bons tan-neurs. C'est le peuple de l'antiquité qui sut le mieux pré-parer les peaux. A l'aide de l'alun, employé encore aujourd'hui dans plusieurs préparations de tannage, ils obtenaient des cuirs excellents , *alutæ* , provenant de la dépouille des animaux domestiques : aussi, lorsque le fameux roi des Goths, Alaric, vint assiéger Rome, l'histoire rapporte-t-elle qu'il mit comme condition de son éloignement, non-seulement tout l'or et tout l'argent que renfermait Rome, mais encore 4,000 tuniques de soie, 3,000 livres de poivre et 3,000 *peaux teintes en écarlate.*

Sutor était le nom générique du cordonnier, de l'ouvrier qui cousait le cuir avec une alène (*subula*) et une soie de porc. On nommait *sutores caligarii* ceux qui fabriquaient spécialement les *caligæ*, et *sutores crepidarii* les ouvriers en *crepidæ*. *Sutrina* était le nom de la boutique du cordonnier ; le maître de cette boutique prenait le nom de *manceps sutrinæ*. Quant aux outils dont les noms nous sont parvenus, nous citerons l'alène (*subula*) ; le tranchet (*fistula sutorium*) ; la forme (*forma*) et en terme de métier (*tentipellium*), c'est-à-dire sur lequel s'étend le cuir ; le noir des cordonniers (*atramentum sutorium*). Nous croyons que ce noir était obtenu à l'aide de la noix de galle. C'est sans doute à cela que fait allusion Macrobe lorsqu'il rapporte un bon mot d'un cordonnier : « Plancus voulant détruire un témoignage incommode et sachant que le témoin était cordonnier, lui demanda de quel métier il vivait. Celui-ci répondit poliment : Je travaille ma *Galla!* On sait que la *galla* est en usage chez les cordonniers. L'ambiguïté de l'expression lançait très-ingénieusement l'incrimination d'adultère contre Plancus qui était inculpé de vivre avec Marcia Galla, femme mariée. » (*Saturnales*, liv. 2.)

Il y avait des quartiers affectés aux diverses corporations. A Rome, les cordonniers habitaient la rue de la Cordonnerie, dont le nom était *Sandalarius vicus*. Cette rue appartenait à la quatrième région de la ville, dont le temple de la Paix était le centre. Non-seulement les cordonniers habitèrent cette rue, mais Baudoin croit qu'ils occupèrent encore une partie de ce quartier qui était limitée par la huitième région.

Un fait certain, c'est que sous l'époque d'Auguste, les *sutores* commençaient à prendre pour résidence l'*Argilète* (*Argiletum*), quartier appartenant à la onzième région de Rome, ainsi que l'indique Martial dans sa dix-septième satire. Plus tard, lorsque Alexandre Sévère renouvela les corporations des métiers, dont Numa avait été le législateur, il exigea que tous les *sutores* adoptassent spécialement ce quartier.

Les tanneurs ne pouvaient travailler que hors la ville, non pas seulement en raison de l'odeur dégagée par les diverses préparations auxquelles on soumet les cuirs, mais surtout par la répulsion qu'inspiraient les individus qui touchaient les corps des animaux morts.

Nous savons par Pline que les ouvriers cordonniers de Rome reconnaissaient pour fondateur le béotien *Tychius*. Il est certain que le sabot est d'invention béotienne, ainsi que nous l'avons dit en parlant des Grecs. Ce *Tychius* était sans doute le patron des fabricants de *croupèzes*, il put devenir celui des *sutores* romains qui fabriquaient spécialement les chaussures en bois.

Il est indiqué, dans l'introduction de M. Buchet de Cublize, un fait que nous allons reprendre pour le développer et en tirer quelques conséquences. Les cordonniers romains avaient, à l'entrée de leur rue spéciale, une statue d'Apollon chaussée de sandales. Ce dieu, qui était le patron de leur corporation, portait le nom d'*Apollon sandalaire*. Or, à cette époque, les corporations n'étaient pas libres de choisir tel ou tel dieu ; il fallait à un corps d'état pour se mettre sous le patronage d'une divinité une autorisation du grand pontife ; et, pour que l'on eût autorisé les cordonniers à prendre Apollon comme dieu protecteur de leur profession, c'est que cette profession était reconnue plutôt comme un ART, que comme un métier.

Les Romains prenaient sans scrupule les dieux des peuples vaincus ; or, nous avons vu qu'Amyclée, ville de Laconie, était renommée par sa fabrication importante de chaussures spéciales qu'on portait dans toute la Grèce. Cette ville était célèbre aussi par le culte que ses habitants vouaient au dieu Apollon, auquel ils avaient élevé un temple devenu historique. Il est permis de croire que les cordonniers si nombreux à Amyclée avaient un Apollon sandalaire pour patron ; de là, peut-être, cet usage qui de la Grèce passa traditionnellement à Rome, où la beauté et la richesse de certaines chaussures purent mériter aussi le titre d'artiste aux *sutores* qui les fabriquaient.

Personne ne protestera contre cette prétention des cordonniers grecs et romains, que justifient si bien les nombreuses et remarquables chaussures dont nous avons donné les dessins dans ce chapitre et dans le précédent.

CHAPITRE VIII

Le cordonnier Anien devient évêque d'Alexandrie. — Crépin,
Crépinien et l'empereur Maximien. — Crépin et Crépinien
meurent martyrs et sont déclarés saints. — Loi de Constantin
le Grand concernant les cordonniers. — Les cordonniers
réunis en corporation. — Situation faite aux cordonniers dans
l'empire romain. — Antonius et Pixta. — L'empereur Auguste
salué par le corbeau d'un cordonnier. — Alphénus Varus,
cordonnier de Crémone, devient un jurisconsulte érudit et
l'un des premiers magistrats de Rome.

Bien qu'il n'entre pas dans notre pensée de faire ici
un cours d'histoire générale, la vie des cordonniers célèbres, vénérés encore aujourd'hui comme les patrons de
la cordonnerie, est tellement liée aux grands mouvements intellectuels et moraux des peuples de l'antiquité,
qu'il nous paraît utile d'en tirer quelques aperçus qui
pourront, d'ailleurs, intéresser une grande partie de
ceux pour lesquels ce livre est plus spécialement écrit.

Le monde connu des anciens était passé presque entièrement sous la domination des Romains, par les con-

quêtes de Jules César et d'Auguste, lors de la naissance du Christ :

> Tremblez, rois et grands de la terre !
> Voici venir l'homme inspiré.
> Aux accents de ce prolétaire,
> Le vieux monde est régénéré !

La société ancienne, qui basait sa puissance sur la force matérielle, n'entendit pas sans étonnement les paroles hardies de Jésus. Il osait dire aux conquérants altiers : *Remettez l'épée au fourreau; qui se servira de l'épée, par l'épée périra !* Aux empereurs et aux esclaves : *Vous êtes tous frères !* A tous les hommes enfin : *Aimez-vous les uns les autres, et faites à autrui ce que vous voudriez qui vous fût fait.*

Le paganisme, culte des faux dieux, était souverain dans le monde ancien, sauf chez les Hébreux, qui croyaient en un seul Dieu. Mais le peuple d'Israël ne faisait point de prosélytes.

Livrées aux seuls intérêts matériels de la vie humaine, les sociétés ne peuvent aboutir qu'à cette décadence morale, dans laquelle roulèrent bientôt les peuples avilis par les orgies dégradantes et sans nom du Haut et du Bas-Empire.

Seul, on ne fonde rien de grand. Aussi, Jésus, surnommé Christ, c'est-à-dire *sacré*, associa-t-il à ses idées douze hommes de bonne volonté et les envoya-t-il prêcher chez toutes les nations les principes nouveaux dont il voulait se servir pour transformer le vieux monde.

Après la mort du Christ, les apôtres partirent du pied du Calvaire et se répandirent sur le monde entier, prêchant la charité, l'amour, la croyance en un Dieu unique et l'attente d'une autre vie.

La persécution, cette marraine de toutes les doctrines nouvelles, après s'être abattue sur le Maître, n'épargna pas les disciples. A Rome, sous Néron, le 29 juin de l'an 66, saint Pierre, réputé Juif, c'est-à-dire, de condition vile, fut crucifié la tête en bas, sur le mont Janicule, et saint Paul, reconnu citoyen romain, eut la tête tranchée.

L'un des disciples de saint Pierre, saint Marc, qui avait rédigé à Rome son immortel Évangile, se rendit à Alexandrie pour y prêcher la foi nouvelle. Comme il arrivait dans cette ville, une des courroies de sa sandale se rompit. Saint Marc entra chez un cordonnier, dont l'habitation était proche, et le pria de réparer sa chaussure, ce que le cordonnier fit avec empressement.

Anien, c'était le nom du cordonnier, ressentit un trouble involontaire à la vue de l'évangéliste ; l'alène dont il se servait glissa sur le cuir et lui perça la main. La douleur causée par la blessure arracha cette exclamation à Anien : *O Dieu unique !*

L'évangéliste demanda alors au cordonnier s'il comprenait la valeur de son invocation ; et, tout en pansant la blessure du cordonnier qui, selon la légende, guérit instantanément, il expliqua à Anien la doctrine chrétienne. Le cordonnier après avoir écouté les paroles de l'apôtre résolut de se faire chrétien.

Quelque temps après cette rencontre providentielle Anien fut baptisé. Il embrassa avec l'enthousiasme d'un cœur ardent la religion de Jésus; et, grâce à une intelligence de premier ordre, il fut bientôt l'un des plus éloquents prédicateurs du christianisme.

La patience, la charité, le courage et le talent du pauvre cordonnier lui valurent l'estime particulière de saint Marc, qui ne craignit pas d'en faire son coadjuteur à l'évêché d'Alexandrie.

Lorsque l'évangéliste mourut, Anien resta seul chargé de l'important évêché ; et pendant dix-neuf ans, il faut l'unique chef de cette Eglise, c'est-à-dire, jusqu'à sa mort, qui eut lieu le vingt-sixième jour de novembre de la quatre-vingt-sixième année de notre ère.

Le martyrologe romain a fixé sa commémoration au vingt-cinquième jour du mois d'avril.

Eusèbe dit que saint Anien, nommé par divers historiens Annien et Annanien, fut *un homme fort aimé de Dieu et admirable en toutes choses.*

Sous l'invocation de l'évêque Anien, on construisit une magnifique église à Alexandrie, dans laquelle les cordonniers avaient une chapelle particulière.

Les cordonniers de quelques Etats de l'Allemagne célèbrent encore, le 25 avril, la fête de saint Anien qu'ils regardent comme le patron de leur corporation. Cependant saint Crépin et saint Crépinien , bien que venus deux siècles après Anien, furent choisis de préférence pour patrons par l'immense majorité des cordonniers de tous les pays.

C'est en Gaule que Crépin et Crépinien vinrent à leur tour prêcher la loi du Christ et qu'ils subirent les tortures qui, autant que leurs vertus, leur valurent de prendre place parmi les saints de l'Eglise catholique.

Saint Crépin et saint Crépinien étaient issus d'une des plus hautes et des plus riches familles de Rome. Convertis à la foi du Christ, ils l'avaient embrassée avec une ardeur que redoublait le spectacle des persécutions terribles dont Dioclétien en Orient et Maximien en Occident assaillaient les chrétiens.

C'est par légions que succombaient alors les martyrs ; et les deux frères Crépin et Crépinien devaient bientôt grossir l'héroïque phalange.

Fidèles aux préceptes du Maître, ils apprirent le métier de cordonnier pour gagner leur pain par le travail. Ils quittèrent l'Italie pour aller prêcher l'Evangile dans les Gaules. Devenus très-habiles dans l'art de chausser, Crépin et Crépinien, qui s'étaient fixés à Soissons, virent bientôt une nombreuse clientèle visiter leur boutique. On sait qu'à cette époque les Gaulois avaient déjà adopté en grande partie le costume des Romains. Il est vrai que la foule affluait chez les deux cordonniers, au moins autant pour entendre prêcher que pour acheter des chaussures. Crépin et Crépinien prêchaient le jour la loi du Christ et travaillaient une partie de la nuit pour leurs pratiques : encore trouvaient-ils le temps de faire *gratuitement des souliers pour les pauvres.*

Nous l'avons déjà dit; il était alors fort dangereux de ne point adorer des idoles de bois et de pierre, et d'oser élever les âmes vers une croyance en un Dieu unique que l'on ne peut ni voir ni toucher. On était en pleine persécution : aussi les deux cordonniers, qui avaient déjà converti un grand nombre d'idolâtres, furent-ils arrêtés, sur l'ordre de l'empereur Maximien-Hercule qui venait d'arriver dans la Gaule, par les soldats de Rictius Varus, préfet du prétoire.

Crépin et Crépinien, chargés de chaînes, furent conduits devant l'empereur, et voici le *sens* exact de l'interrogatoire qu'ils eurent à subir :

MAXIMIEN.

D'où venez-vous? Quelle est votre origine et votre religion ?

CRÉPIN ET CRÉPINIEN.

Nés de familles recommandables et riches de Rome, nous sommes venus dans les Gaules pour prêcher la loi du Christ, dont le père est le seul Dieu éternel et le créateur de toutes choses. Nous servons ce Dieu avec une foi vive, et nous ferons ainsi tant que nous vivrons.

MAXIMIEN.

En prêchant la loi du Nazaréen vous violez les édits de l'Empire, et vous méritez de mourir dans des tourments terribles pour être l'exemple et l'effroi de ceux qui seraient tentés de faire comme vous. Cependant, votre jeunesse me touche; abjurez et sacrifiez aux dieux, et je vous comblerai de biens et d'honneurs.

CRÉPIN ET CRÉPINIEN (*avec calme*).

Nous croyons à une autre vie, aussi les menaces ne

sauraient nous effrayer. Nous avons rejeté les grandeurs de la terre, peu nous importent donc les distinctions et les richesses que tu nous offres. Ecoute la parole du Christ ; elle t'apprendra à mépriser les vaines pompes de ce monde et tu connaitras un jour les béatitudes de la vie éternelle, que le vrai Dieu garde dans le ciel pour tous ceux qui l'ont reconnu et glorifié sur la terre.

MAXIMIEN (avec colère).

Comment, misérables! Il ne vous suffit pas d'avoir perdu jusqu'ici bon nombre de mes sujets par vos artifices, vous osez encore braver ma puissance ?

CRÉPIN ET CRÉPINIEN (toujours calmes).

Non-seulement tu méconnais le Dieu bon et puissant qui t'a élevé au plus grand empire du monde, mais tu tentes encore d'empêcher son règne sur la terre. Va, nous ne te bravons pas, nous te plaignons !

Maximien, indigné par la tranquillité des deux cordonniers, plus encore que par leur audace, enjoignit à Rictius Varus de les faire périr dans d'atroces tortures.

Ce Rictius Varus était, suivant Surius, un homme impitoyable et plutôt digne du titre de bourreau que celui de préfet. Nous devons dire cependant, pour être juste envers tous, que, dans le Mystère de saint Crépin et Crépinien, représenté par les compagnons cordonniers au moyen âge, le préfet, avant d'exécuter les terribles ordres du tyran Maximien, fait tout ce qu'il peut pour engager les deux cordonniers à renoncer au christianisme et ne se décide à les livrer au supplice qu'après des exhortations répétées qui ne sauraient sortir de la bouche d'un homme entièrement cruel.

Quoi qu'il en soit, après avoir supporté avec un courage surhumain les plus effroyables tourments, Crépin et Crépinien eurent la tête tranchée le huitième jour des calendes de novembre de l'an 287 de notre ère, dans une plaine située entre la rivière et la prison de la Cité de Soissons. Cette plaine prit depuis le nom de Saint-Crépin-en-Chaye.

Les noms de ces deux saints sont inscrits dans les martyrologes de saint Jérôme, de Bède, de Florus, d'Adon et d'Usuard.

Mais tout ce sang ne pouvait être répandu inutilement sur le monde païen. Chaque fois qu'une idée féconde pour l'humanité enfante de nombreux martyrs, c'est que le jour du triomphe est proche. Vingt-cinq années après la mort des deux illustres cordonniers, Constantin, qui plus tard fut surnommé le Grand, se convertit au christianisme. La croix, qu'il fit rayonner sur les étendards de son armée, enthousiasma les chrétiens et l'aida puissamment à conquérir l'empire romain auquel il donna une nouvelle capitale qui prit son nom. Constantinople fut élevée sur les ruines de Byzance, dont l'emplacement est un des plus merveilleux du monde.

Constantin ayant déclaré la religion chrétienne religion de l'empire romain, s'occupa de la condition civile des prêtres chrétiens, et entra même jusque dans certains détails de leur costume.

Il accorda aux prêtres plusieurs priviléges réservés aux

familles sénatoriales. Ainsi, on lit dans sa constitution :
« Comme notre sénat fait usage d'*udones* qui sont déco-
« rées d'ornements blancs, qu'il en soit ainsi pour les
« clercs. »

D'après Joseph Estienne, l'empereur Constantin adressa
au pape saint Sylvestre, dont le pontificat dura de 314 à
335, parmi d'autres présents, des *udones*, telles que les
portaient les hauts personnages de l'empire. Nous donnons le dessin de cette chaussure d'après Baudoin, et
nos lecteurs ont ainsi sous les yeux une des premières
chaussures des papes.

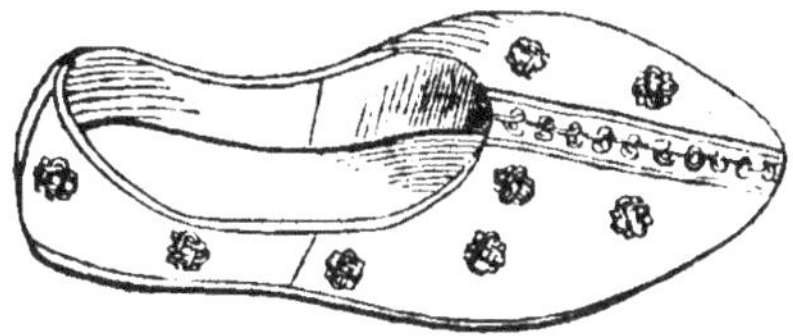

Udone du pape Sylvestre.

A partir de cette époque, les souverains pontifes firent
usage de chaussures blanches rehaussées de broderies
d'or le plus souvent en forme de croix. Ce ne fut que
beaucoup plus tard, dit Baudoin, que ces *udones* blanches furent remplacées par des *mules* en soie pourpre

Nous allons citer une loi de ce même Constantin qui
prouve que les cordonniers de l'empire romain étaient
parvenus à une grande habileté Par son décret, l'empereur dispensait des impositions et d'autres charges
publiques ceux qui exerçaient des professions libérales
ou manuelles : « *afin qu'ils trouvassent les ressources et le
temps nécessaires de se perfectionner dans leur métier.* »

Dans la longue énumération faite par cette loi, nous voyons figurer les médecins, les vétérinaires, les orfèvres, les maçons, les charpentiers, les forgerons, les carrossiers, les pelletiers, etc., etc., et nous ne trouvons de relatif au costume que les tailleurs (*scasores*). L'absence des cordonniers (*sutores*) dans cette liste prouve une fois de plus que cette profession ou cet art était exercé avec une grande intelligence, que les cordonniers ne manquaient pas d'ouvriers nombreux et habiles, et enfin qu'ils étaient assez largement rétribués pour pouvoir payer les impôts.

Il ne nous reste plus, pour clore cette période de notre histoire, qu'à montrer quelle était, chez les Romains, la situation faite à la profession qui nous occupe.

La société romaine présentait deux types principaux : les patriciens ou nobles, et les plébéiens, hommes libres qui formaient le peuple romain.

Les professions manuelles étaient exercées par les plébéiens qui pouvaient s'adjoindre des esclaves.

Les ouvriers d'une même profession étaient réunis en colléges ou corporations. La corporation était forcée de se choisir un *patron*. Ce patron, qui était toujours un noble influent, devait à ses *clients* aide et protection de toute sorte. Il mettait au service des membres de la corporation son éloquence, son crédit et quelquefois aussi son argent. Les membres de la corporation, en revanche, devaient au patron non-seulement des hommages journaliers, mais encore ils appuyaient de leurs votes ses réclamations et ses demandes. Si le patron était condamné à une amende, elle était payée par le produit d'une sous-cription ouverte dans la corporation, qui d'ailleurs avait le droit de former une *bourse commune.*

Le peuple romain, sous Numa Pompilius, était divisé en neuf corporations parmi lesquelles les cordonniers occupaient le cinquième rang.

Chaque profession avait une rue, un quartier, qui lui étaient spécialement affectés.

Chaque ouvrier était obligé de transmettre son état à ses enfants.

L'empereur Théodose le Grand, dont le règne remarquable finit avec l'antiquité, nous a laissé un Code qui a pu nous servir de guide dans nos recherches concernant les usages des corporations. Ce Code, tout en promulguant des lois nouvelles, fait mention de lois antérieures qui étaient encore en vigueur. Nous en avons extrait ce qui peut intéresser la cordonnerie.

En dehors des impôts directs, de nombreux impôts indirects frappaient les produits fabriqués. « Aucune marchandise ne circulait sans droits de douane, aucun esclave n'était vendu sans prélèvement. » C'est pourquoi les plébéiens qui avaient conservé, pendant presque toute la durée de la République, leur titre de citoyens et d'hommes libres, aliénèrent peu à peu leur liberté et leurs droits au profit des patriciens dont ils devinrent en quelque sorte les vassaux. Aussi, dans les derniers temps de l'Empire, le peuple romain n'existait plus que de nom.

Triste résultat, dû en partie à l'avidité insatiable des

officiers romains, qui, ainsi que le dit *Salvien*, firent un mot odieux du mot *exaction*, qui d'abord signifiait la perception régulière des impôts.

Nous n'avons rien à ajouter sur la condition des ouvriers dans l'antiquité; nous renverrons le lecteur à la lettre si remarquable de M. Buchet; il a dit, à ce sujet, tout ce que l'on pouvait à bon droit affirmer. C'eût donc été le répéter avec moins de talent et d'autorité. Nous terminerons ce chapitre par quelques faits historiques qui eurent Rome ou l'Italie pour théâtre, et pour héros des cordonniers de l'antiquité.

Antonius et Pixta avaient fait ensemble, chez le même patron , leur apprentissage de cordonnier. Ce patron avait une fille jeune et jolie, les deux apprentis en devinrent amoureux. Ils travaillèrent avec une ardeur égale pour conquérir le titre d'ouvrier, afin de pouvoir s'établir maîtres cordonniers, ce qu'ils firent tous les deux à la même époque; et tous les deux encore demandèrent ensemble la main de celle qu'ils aimaient. La jeune fille choisit Antonius qui crut, tant son bonheur fut grand, voir le ciel s'entr'ouvrir pour lui: mais, hélas! le malheureux Pixta conçut contre son heureux rival une jalousie furieuse dont nos lecteurs vont voir les terribles effets.

Un corbeau, né sur le temple de Castor et Pollux, à Rome, manquant de force pour remonter vers le nid, d'où il s'était échappé trop jeune, s'abattit dans la boutique d'Antonius. Le cordonnier s'empara de l'oiseau et lui apprit en peu de temps à parler. Il y avait peu de distance de la boutique d'Antonius à la tribune aux harangues, et le corbeau privé s'en allait tous les matins se poser sur cette tribune.

De là, tourné vers le forum, il saluait nominativement Tibère, les Césars Germanicus et Drusus; puis il battait des ailes et poussait des cris vifs et perçants lorsque le peuple en foule arrivait sur la place. Sa joie ainsi manifestée, comme s'il eût compris qu'il pouvait importuner, il retournait dans la boutique d'Antonius.

Les Romains prirent en affection le corbeau du cordonnier, et ce fut bientôt l'oiseau favori du peuple; aussi Antonius s'en montrait-il un peu fier. Le nouveau bonheur de son rival accrut la jalousie de Pixta. Un jour que le peuple faisait son entrée sur la place, et que le corbeau agitait déjà ses ailes à son approche, une flèche siffla dans l'air et vint traverser le corps du pauvre oiseau qui fit entendre un cri plaintif et tomba mort au pied de la tribune. Une rumeur mêlée de douleur et de surprise gronda sourdement dans la foule, puis un cri de vengeance s'échappa de toutes les bouches : A mort le traître ! Et Pixta qui, dans sa haine, se réjouissait déjà de la douleur du pauvre Antonius, fut saisi et littéralement écrasé sous les coups furieux des Romains.

Le peuple voulut de somptueuses funérailles pour le corbeau du cordonnier Antonius. On fit préparer un lit de parade sur lequel l'oiseau fut placé, puis conduit jusqu'au bûcher par deux Ethiopiens, à deux milles de Rome, dans le champ appelé *Rediculus*, à droite de la voie Appienne. Le cortége était précédé de porteurs de couronnes et de joueurs de flûte.

Pline, qui a mentionné cette anecdote, dit que le malheureux Pixta prétendit vainement que le corbeau avait sali par ses ordures les chaussures de sa boutique. Il ajoute : « Ainsi le talent d'un oiseau parut au peuple de Rome une juste cause de faire des funérailles solennelles, et de punir de mort un citoyen, dans une ville, où aucun cortége n'avait suivi le convoi de tant d'hommes remarquables, et où personne n'avait vengé la mort de Scipion Emilien, destructeur de Carthage et de Numance. Ce fait se passa sous le consulat de M. Servilius et de C. Cestius, le 5 avant les kalendes d'avril (28 mars). »

Les boutiques des deux cordonniers dont nous venons de parler étaient situées près du temple de Castor et Pollux, lequel était compris dans les murailles de la ville et élevé dans la huitième région, ainsi que le rapporte Rosinus d'après plusieurs auteurs anciens. Ceci confirme l'assertion de Baudoin que nous avons citée dans le chapitre précédent, de laquelle il résulte que les boutiques des cordonniers s'étendaient alors bien au-delà du *sandalarius vicus*.

L'habitude qu'ont eue toujours les cordonniers des petites villes et villages de France d'avoir en cage, soit un merle, soit un corbeau, vient peut-être par tradition du corbeau d'Antonius.

Les anecdotes où les corbeaux jouent un rôle ne sont pas rares dans les récits des écrivains de l'antiquité. Le philosophe et grammairien Macrobe nous en a laissé deux qui ne laissent pas d'être assez curieuses. Elles trouvent naturellement leur place ici, puisque la première eut pour acteurs présumés deux cordonniers, et que l'autre a certainement eu pour héros un cordonnier de Rome.

Après l'éclatante victoire d'Actium qui mit fin à la République romaine, Octave Auguste, lors de sa rentrée à Rome, fut acclamé par le peuple qui lui offrit le pouvoir suprême. Il fut arrêté dans sa marche triomphale par un artisan (un cordonnier, d'après quelques écrivains) qui portait un corbeau habitué depuis longtemps à dire : *Ave, Cæsar, victor imperator. — Salut, César, victorieux empereur.* Auguste, surpris et charmé, acheta l'oiseau qui parlait si bien, et, fixant lui-même le prix, il fit remettre à l'artisan vingt mille écus ! Puis un autre artisan, associé de celui qui venait d'être si largement payé du savoir de son corbeau, vint dire à Auguste qu'il n'avait rien reçu de sa libéralité, bien qu'il eût cependant, comme son associé, élevé et instruit un corbeau en son honneur. Il demanda comme une grâce d'apporter son corbeau à l'empereur. Celui-ci consentit et l'oiseau, mis en sa présence, le salua de ces paroles : *Ave, victor imperator Antoni. — Salut, victorieux empereur Antoine.*

Ce salut n'était pas un compliment, puisque Antoine avait été le rival qu'Auguste venait de vaincre ; mais, loin de se fâcher de ces paroles inopportunes, le nouveau César ordonna que le don fût partagé entre les deux associés. Une autre fois, l'empereur fut de nouveau salué par un perroquet ; il le fit acheter ; une pie instruite au même langage lui sembla curieuse ; il la fit acheter, et il paya très largement encore ce nouveau flatteur.

Ces achats répétés excitèrent l'émulation d'un pauvre cordonnier qui voulut apprendre à un corbeau la fameuse salutation ! mais son indocile oiseau restait muet; aussi le cordonnier désolé s'écriait-il souvent : *Opera et impensa periit ! — J'en suis pour mes frais et ma peine !* Cependant tant d'efforts ne devaient pas rester sans résultat. Un jour, le corbeau fit entendre le salut tant désiré. Notre cordonnier attendit impatiemment, mais plein d'espoir, le passage d'Auguste près de sa boutique. Ce jour désiré arriva enfin, et le corbeau, habilement excité par le cordonnier, jeta en l'air son : *Salut, César, empereur victorieux.* Le cordonnier était rayonnant ; il s'apprêtait déjà à porter l'oiseau au palais de l'empereur, et à recevoir une bonne récompense, lorsqu'Auguste impatienté dit : *J'ai assez de bêtes qui me saluent de la sorte !* Le désespoir se peignit instantanément sur la figure du pauvre cordonnier. En entendant les paroles de César, il fit un geste semblable sans doute à celui dont il accompagnait ses impatiences d'autrefois, alors que le corbeau persistait à rester muet. Ce geste fut peut-être compris du corbeau et, avant que César ne se fût éloigné de lui, il fit entendre ces paroles tant de fois répétées par son maitre : *Opera et impensa periit ! — J'en suis pour mes frais et ma peine !* Auguste ne put s'empêcher de rire, en entendant cette repartie pleine d'à-propos ; il ordonna d'acheter l'oiseau du cordonnier pour un prix supérieur à tous ceux payés pour les autres.

Qu'il nous soit permis de terminer ce chapitre par une

notice biographique sur un cordonnier devenu célèbre, et qui fut contemporain d'Auguste : — Il y avait à Crémone, en Italie, un cordonnier qui, à l'instar de nos saveliers modernes, travaillait sur la place publique. Il s'était fait une réputation d'homme d'esprit, et plus d'un habitant venait lui-même apporter ses souliers à raccommoder, pour entendre les saillies du cordonnier ambulant. A travers ses bons mots et sa gaîté quelque peu satirique, on remarqua bientôt que Publius Alphénus Varus, c'étaient les noms du faiseur de chaussures, possédait un esprit solide et un jugement sain. On vint lui demander conseil, et, d'après ce qu'on assure, il rendit, par ses avis impartiaux et éclairés, de grands services à plusieurs de ses concitoyens.

Dès son enfance, Alphénus Varus avait eu l'amour de l'étude, et l'ardeur qu'il mit à étudier les lois de son temps et de son pays en fit une espèce de légiste que l'on consulta bientôt avec fruit. Sur les instances de ses concitoyens, et d'ailleurs poussé par un penchant irrésistible, il résolut de quitter la profession de cordonnier, pour se livrer à l'étude des lois, bien qu'il fût déjà d'un âge mûr.

Alphénus Varus alla à Rome ; il assista régulièrement aux lectures publiques du jurisconsulte Servius Sulpitius, qui, remarquant l'assiduité et l'intelligence de l'ancien cordonnier, le prit sous son patronage. Alphénus Varus, ainsi guidé, devint en peu de temps non-seulement l'un des meilleurs et des plus célèbres légistes de son époque, mais encore il fut élevé à l'une des premières magistratures de la ville de Rome.

Il laissa des œuvres remarquables sur le droit romain sous ce titre : *Des quarante livres de Digestes*. Après sa mort, en souvenir des services rendus à sa patrie, il fut enterré aux frais de la ville.

CHAPITRE IX

HERCULANUM ET POMPEI.

Si les monuments grecs et romains nous montrent certains costumes officiels des deux grands peuples, ce n'est pas sur les œuvres que nous ont léguées les admirables artistes qui sont encore aujourd'hui nos guides qu'il faut espérer trouver les costumes habituels des Grecs et des Romains. Dans une publication qui a rendu d'importants services aux arts, le *Magasin pittoresque*, nous trouvons quelques réflexions que nous reproduisons ici avec plaisir, parce qu'elles jettent un jour tout nouveau sur la question du costume chez ces deux peuples.

« On se fait généralement une idée très-fausse du costume que portaient les Grecs et les Romains. Parce qu'on les voit sur les bas-reliefs et dans leurs statues, drapés majestueusement et vêtus d'une robe à larges plis, on s'imagine

que c'était ainsi que hommes et femmes, nobles et plébéiens, riches et pauvres, parcouraient, presque nus, les
rues d'Athènes ou de Rome, et vaquaient, sans plus d'at-
tirail, à leurs plaisirs et à leurs affaires. On ne fait même
à cet égard aucune distinction d'époque, et, depuis les
héros d'Homère jusqu'aux honnêtes bourgeois persifflés
par Ménandre, depuis Romulus de fabuleuse mémoire
jusqu'au faible Augustule, on ne se représente comme
type qu'un seul et même personnage à tête nue avec une
tunique et des sandales. On ne songe pas que les artistes
avaient adopté cette simplicité et ne s'en étaient guère
départis, quelles que fussent les variations de la mode,
parce que ce costume de convention, ou, si l'on veut,
idéalisé, leur permettait de conserver les avantages du nu,
et, en même temps, donnait un caractère noble et sévère
aux personnages célèbres dont ils avaient à consacrer
le souvenir. Quelle ne serait donc pas la surprise de plus
d'un lecteur, admirateur fervent de la tunique, si, trans-
porté tout à coup en arrière, dans la vieille Rome, sous
Auguste ou sous Vitellius, il voyait un médecin romain,
en perruque, avec un parapluie ; un marchand avec un
chapeau à larges bords ou avec un capuchon ; un avocat
reconduisant, en robe de chambre, son client sur le seuil
de la porte ; un jeune chevalier en pantalon collant, à la
mode perse (voir l'anaxyride, page 126) ; les femmes
avec des corsets, des tailles de guêpe et des brodequins à
talon (talon est pris ici pour quartier sans doute), les
unes fardées, les autres parées de faux cheveux et vêtues
de trois robes rayées de couleurs diverses. »

Pour ces petits détails de la vie intime des peuples, l'Egypte nous est mieux connue que Rome et Athènes. Les peintres égyptiens ont retracé, dans les hypogées, avec une fidélité scrupuleuse, les moindres faits de la vie privée de leurs concitoyens. Champollion le jeune, Rosellini et quelques autres nous ont initiés par leurs magnifiques reproductions aux habitudes journalières ainsi qu'aux usages industriels des Egyptiens.

Les fouilles exécutées à Herculanum, à Pompeï et sur divers autres points du sol de l'Italie, nous ont révélé certains détails de la vie intime des Grecs et des Romains que, dans leur dédain, les artistes de l'antiquité avaient négligé de reproduire.

Nous savons par Pline qu'un certain Pyreicus peignait avec un rare talent les enseignes des boutiques de barbiers et de cordonniers. Voici la copie d'un tableau allé-

gorique trouvé en 1748 dans les excavations de Résina, ville du royaume de Naples, bâtie en partie sur l'emplacement d'Herculanum. Que ce tableau soit l'œuvre de Pyreïcus ou d'un autre peintre, il nous révèle la forme intérieure de l'atelier d'un cordonnier romain.

A droite est une armoire ouverte, sur les tablettes de laquelle on distingue des brodequins en cours de fabrication, vus de profil et de derrière. Sur la dernière tablette sont deux vases, contenant sans doute, l'un l'encre destinée à noircir la *lisse* de la semelle ou la colle de pâte dont on faisait usage déjà; le second est peut-être le baquet ou l'on mettait la *poix* ou bien où l'on faisait mouiller le cuir. Sur la tablette attenant au mur, on distingue parfaitement des bottines entièrement terminées

Enfin, deux génies, assis sur deux escabeaux auprès d'un établi, travaillent gravement. Celui de droite semble étendre sur la forme une tige qu'il s'apprête à *monter*, tandis que celui de gauche se sert de *l'astic* et vient de mettre la dernière main à la bottine qu'il tient, bottine qui semble être faite en étoffe rayée avec une semelle en cuir

Les deux souliers ont été copiés sur les peintures du musée Bourbon, de Naples. La forme de ces *souliers de*

femme ne diffère de nos souliers modernes que par l'absence des talons. Il existe encore aujourd'hui une sorte de *pantoufle* à revers connue dans le commerce de la cordonnerie contemporaine, et qui est, à très-peu de chose près, semblable à cette chaussure. On peut se convaincre de ce que nous avançons dans les gravures du journal spécial à cette profession : l'*Innovateur, Moniteur de la Cordonnerie.*

Le soulier chaussé et le soulier vide sont exactement les mêmes ; en relevant le revers du soulier que notre dessin représente chaussant le pied d'une des femmes peintes sur le tableau d'Herculanum, on obtiendra un soulier identique de forme avec l'autre, sinon de grandeur.

Cette *pantoufle simple,* sans quartier, que nous avons prise aux pieds d'une danseuse, est une sorte de *soccus.* Il est probable que les danseuses avaient le soin de quitter cette *pantoufle* lorsqu'elles voulaient se livrer aux exercices de leur art ; c'était évidemment une sorte de pardessus. Il eût été impossible avec ce *soccus* d'exécuter un seul pas gracieux.

C'est sans doute de cette pantoufle que veut parler Suétone lorsqu'il dit qu'on s'amusait parfois à déchausser les dormeurs sans les éveiller, plaisanterie dont l'empereur Claude fut souvent l'objet.

Les deux dessins suivants représentent des *iambières de*

guerre ; ce sont des *cnémides*. La première est désignée comme étant faite de métal ; elle était tout au moins re-

couverte de lames métalliques et garnie sur le devant et sur le côté de *flammèches* faites en crins de chevaux naturels ou teints. La seconde bottine est indiquée comme entièrement fabriquée en cuir. Ces deux *jambières* basses se laçaient, l'une sur le devant ainsi que l'indique le dessin ; l'autre s'agrafait derrière et probablement à l'aide d'agrafes fixées en dedans de la jambière. Ces espèces de guêtres se mettaient par-dessus une crépide militaire. Le nom de *brodequin*, sous lequel les désignent quelques écrivains, est impropre à ces chaussures, qui n'avaient pas de semelles et ne pouvaient garantir le dessous du pied, et dont la mission principale était de maintenir la jambe et le pied.

Nous avons enfin trouvé, dans les ruines d'*Herculanum* par Silvain Maréchal, la copie d'une peinture représentant un marché public.

Nous donnons seulement la boutique du cordonnier. Les clients sont assis et semblent écouter fort attentivement les offres que leur fait le marchand, qui sans nul doute est en train d'énumérer les qualités de la bottine qu'il tient à la main. Les bottines que montre ce mar-

chand de chaussures, qui pouvait fort bien n'être pas *cordonnier*, mais seulement *revendeur*, sont vraisemblablement faites d'une tige en étoffe, ainsi que celles dont sont chaussés ses clients. Certains détails que n'a pu reproduire le crayon de notre dessinateur qui n'avait sous les yeux que le dessin imparfait trouvé dans le volume de Silvain Maréchal, sont assez intéressants pour qu'ils trouvent leur place dans ce livre, où tout ce qui pourra éclairer le lecteur sera toujours reproduit avec empressement. Nous ferons observer seulement, avant de citer Silvain Maréchal, que cet auteur fait probablement sa description sur la peinture originale de ce tableau qui doit être aujourd'hui encore au musée de Naples.

« On voit une boutique de cordonnier. L'artisan, debout
et vêtu de rouge, tient un soulier d'une main et de l'autre
un long instrument qui lui sert sans doute à prendre la
mesure des pieds; autour de lui, on voit plusieurs paires
de chaussures attachées à une cloison peu élevée. D'un
côté sont des femmes assises sur un petit banc, dont
l'une est habillée d'une couleur rougeâtre, et a la moitié
du sein découvert, selon le costume grec. L'autre, qui
porte un vêtement vert, tient sur ses genoux un petit
enfant absolument nu. De l'autre côté du cordonnier
sont deux autres figures de femmes assises semblable-
ment sur un banc et couvertes d'une draperie, l'une verte,
l'autre jaune. Un curieux passe la tête par dessus le
rideau qui ferme la boutique du cordonnier, et paraît
examiner ce qui se passe à l'intérieur. On pourrait con-
jecturer que notre ouvrier est un cordonnier pour femmes, d'après la coutume des anciens qui plaçaient des
rideaux dans leurs marchés pour séparer les boutiques
fréquentées par les femmes des autres endroits où ne
venaient que des hommes ; cependant cette règle n'était
point observée à la rigueur. »

CHAPITRE X

DE LA CHAUSSURE CHEZ LES BARBARES JUSQU'A L'ÉPOQUE
DE L'INVASION.

Germains, Bretons, Gaulois, Goths, Marcomans, Hérules,
Gépides, Suèves, Vandales et Huns.

Les historiens de l'antiquité montrent les premiers
GERMAINS vêtus de feuillage et chaussés d'écorce d'arbre.
Selon Sénèque, ils étaient nus ou presque nus. Malgré
ces témoignages, il est rationnel de penser que le climat
des contrées qu'ils habitaient, — aujourd'hui le Dane-
mark, la Norwège, la Suède, la Finlande, la Livonie et
la Prusse, — ne permettaient pas une pareille nudité.

Les Germains, on le sait, étaient un peuple essentiellement chasseur; ils durent se vêtir des dépouilles des
nombreuses bêtes sauvages auxquelles les forêts de la
Germanie servaient de repaire.

Dans l'ouvrage de Baudoin, un Germain est représenté nu, tenant dans la main droite une massue, dans la gauche un bouclier ; ses pieds sont chaussés d'une espèce de *brodequin montant* jusqu'à la naissance du mollet, fait en peau crue, garnie de son poil. C'est absolument la même chaussure que celle attribuée par les historiens à Attila, roi des Huns, et qui est reproduite à la fin de ce chapitre. Cette gravure a été inspirée par une description de Philippus Cluvérius (*Germaniæ antiquæ* liber I).

Les Bretons habitant la Bretagne, la Calédonie et l'Ibernie, — aujourd'hui l'Angleterre, l'Ecosse et l'Irlande, — restèrent presque inconnus aux anciens. Nous n'avons rien de particulier concernant leur costume primitif, si ce n'est que quelques historiens désignent principalement les Calédoniens sous le nom de *Picti*, c'est-à-dire peints ou tatoués. Les *réflexions* que nous a suggérées le climat de la Germanie, peuvent s'appliquer aussi aux usages de ces peuples, en ce qui concerne leur vêtement et leur chaussure. En effet, d'après Tacite, ils se couvraient de peaux d'animaux, vivaient grossièrement, se nourrissaient de pêche et de chasse et s'occupaient peu de la culture des terres.

Nous sommes plus heureux avec les Gaulois. Lorsque ce peuple subit la domination romaine, en même temps qu'il fut obligé de suivre les lois des vainqueurs, il prit peu à peu le costume et les usages des Romains. Mais, quoiqu'en aient dit certains historiens, qui prétendent que les Gaulois ne connaissaient avant l'invasion d'autres chaussures que la sandale et le sabot, il est avéré qu'avant l'invasion romaine, ils faisaient usage de chaussures en cuir. Cependant, nous n'avons que fort peu de renseignements sur la manière de se chausser de ce peuple qui avait pris possession des immenses forêts et déserts, aujourd'hui le sol de la France.

Nous donnons, d'après Baudoin, une ancienne *chaussure gauloise* non en papyrus, comme l'ont avancé quelques écrivains, mais bien en petits joncs ou en genêts ; cette chaussure révèle déjà beaucoup d'art dans la fabrication.

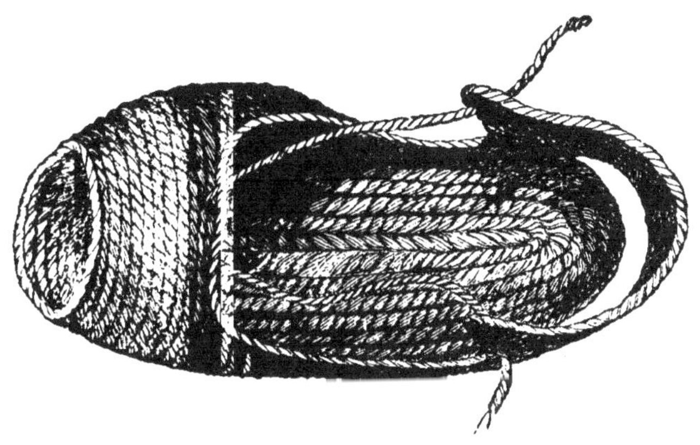

Chaussure attribuée aux Gaulois.

Il est probable que cette chaussure est d'origine espagnole, qu'elle fut apportée à la suite d'Annibal et qu'elle devint d'un usage très-commun dans le sud de la Gaule. Au rapport de Pline, « ces chaussures furent un instant en vogue à Rome. Les Romains les avaient empruntées aux bergers espagnols. »

La *sandale de bois*, retenue au pied avec des lanières,

était, il est vrai, la chaussure la plus commune chez les Gaulois.

Cette *sandale* fut bientôt garnie d'une petite empeigne découverte et de quartiers bas qui ne faisaient qu'une seule pièce. Ainsi augmentée, cette sandale, qui par le fait devenait un soulier en cuir avec semelle de bois, prit le nom national de *gallica* dont nous avons fait *galoche*. La *galoche* ordinaire moderne diffère peu de la *gallica* de nos pères. Quand les *gallica* avaient une empeigne qui couvrait le coude-pied, cette empeigne était toujours lacée.

Nous possédons des documents assez sérieux pour nous permettre d'affirmer que les Gaulois faisaient déjà, lors de l'invasion, usage d'une bottine montante qui leur couvrait entièrement le pied et atteignait même la naissance du mollet, de façon à ce que la courroie fût cachée sous la tunique.

Nous avons trouvé au Louvre trois statues romaines représentant des prisonniers barbares : deux de ces prisonniers sont chaussés d'un *soulier lacé* sur le devant, un peu au-dessous de la *bracca gallica*, culotte habituelle des Gaulois. Ces prisonniers sont sans aucun doute des Gaulois, c'est pourquoi uous donnons le dessin de leurs souliers.

Ce peuple courageux et fort qui, guidé par Brennus, faillit anéantir Rome, trois cent quatre-vingt-dix ans avant l'ère chrétienne, devait certainement avoir pour la guerre des chaussures en cuir qui pussent être à la fois solides et flexibles.

Selon Sidoine Appollinaire, les Goths chaussaient des bottines faites en cuir de cheval, attachées par un nœud simple au milieu de la jambe.

Voici le modèle d'un des *brodequins* portés par ce peuple belliqueux qui plus tard envahit l'Empire romain et fut, pendant quelque temps, sous les dénominations d'Ostrogoths et de Visigoths, maître de l'Italie, de l'Espagne et du sud de la Gaule.

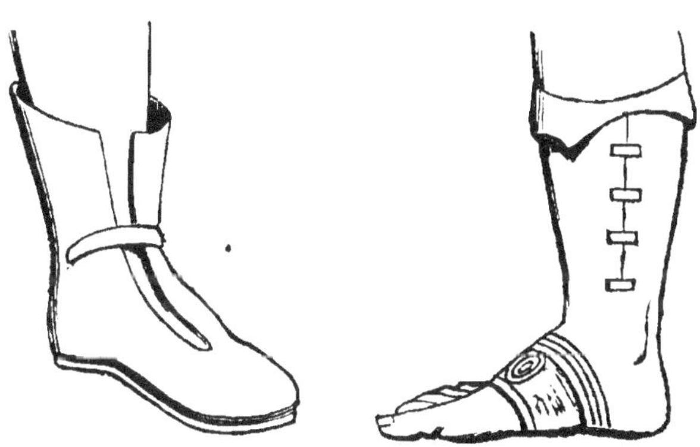

Brodequin des Goths.   Brodequin des Marcomans.

La forme solide et commode de ce *brodequin* le fit adopter promptement par les Romains, qui empruntèrent encore aux Goths d'autres parties de leur équipement.

La courroie qui maintenait ce *brodequin* au coudepied devait se fixer à l'aide d'une boucle attachée au côté externe, à la hauteur de la cheville. Cette chaussure est sans doute celle que Sidoine Apollinaire mentionne et à laquelle il donne le nom de *bottine*.

Les Marcomans, formés de tribus *suèves*, étaient venus s'établir le long de la chaîne des Alpes du côté de l'Helvétie. Ils se rapprochèrent le plus qu'ils le purent des limites de l'Empire romain ; il est donc naturel qu'ils aient adopté en partie les formes du costume de ce peuple. Le *brodequin marcoman* dont nous donnons le dessin a de grands rapports avec le *campagus* des Romains; il laisse, ainsi que lui, les doigts du pied à découvert. Le dessinateur a reproduit fidèlement, d'après une sculpture, la forme de cette chaussure. Cependant nous avons la certitude que la semelle, qui n'est pas apparente sur la sculpture et sur notre dessin, faisait partie de la chaussure. Le *revers* de cette tige cache évidemment le dernier œillet de la laçure qui contournait la jambe pour la maintenir à l'aide de la courroie.

Les Hérules étaient originaires des bords de la mer Noire. Nous n'avons à donner à nos lecteurs qu'une simple *sandale* portée par ce peuple vraiment sauvage et qui, entre tous, mérita le nom de barbares que les Romains donnaient indistinctement à tous les peuples qui ne parlaient ni la langue latine, ni la langue grecque

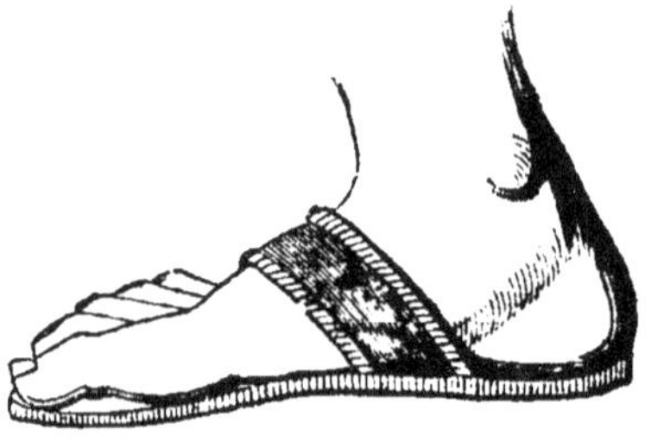

La *botte* des GÉPIDES, peuple qui occupait en partie le sol de la Hongrie et de la Transylvanie, est d'une

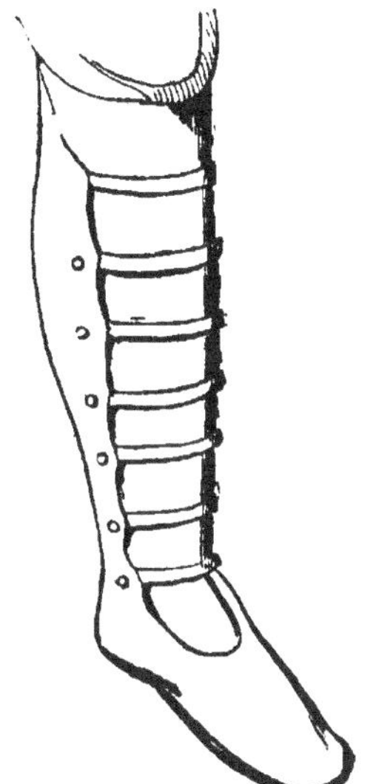

très-heureuse fabrication. Cette botte enveloppe toute la jambe. A l'aide de la lanière plate qui passe dans les œillères indiquées par notre dessin, elle s'appliquait solidement, maintenait bien la jambe et devait aider beaucoup dans la marche.

Les trois chaussures dont nous venons de donner des modèles prouvent que les Goths, les Gépides et les Marcomans avaient d'habiles cordonniers.

Nous n'avons rien de particulier concernant la chaussure des SUÈVES, formés de tribus germaines et lombardes. Les LOMBARDS, les GERMAINS, les VANDALES, sont habituellement représentés chaussés des *souliers gaulois* dont nous avons donné le dessin page 256 ; et si rien n'autorise sérieusement les artistes à leur mettre aux pieds cette chaussure, rien non plus ne peut donner à penser qu'ils aient tort de faire ainsi.

Ammien Marcellin, auteur contemporain, nous apprend que les HUNS enfonçaient *leurs jambes velues dans des tuyaux de cuir de chèvre.* Ces peuples farouches et sauvages chaussaient une *botte* faite en peau crue de chèvre ou de bouc. Souvent le poil de la bête était conservé en dedans de la chaussure. Cette *botte,* que nous avons donnée à la fin de la page précédente, devait n'avoir qu'une seule couture commençant à l'extrémité des orteils et suivant le dessous du pied et la jambe jusqu'au haut de la tige, laquelle s'arrêtait au milieu du mollet.

Botte d'Attila.

Voilà le modèle de la *botte-basse* d'Attila, roi des Huns, surnommé le *fléau de Dieu.* Ce chef terrible traînait à sa suite un cortége de rois vaincus qui tremblaient sous ses ordres. Cette demi-botte, faite de peau non préparée et garnie entièrement de son poil, était, dit-on, la chaussure habituelle de ce conquérant illustre et barbare qui fut pendant quinze ans la terreur du monde ancien.

CHAPITRE XI.

UN MOT SUR LES ARTS ET MÉTIERS A PROPOS DE LA CORDONNERIE.

L'art et le métier. — Opinion de Michelet. — Nouveaux détails sur la chaussure des Hébreux. — De l'hygiène du pied chez les anciens. — Position anormale faite à la cordonnerie sur mesure, par les produits nombreux de la confection. — Rareté des bons ouvriers cordonniers et bottiers et résultats probables de cette situation. — Renaissance artistique de la cordonnerie. — Des journaux professionnels.

Il y a déjà plus de trois ans que parut dans l'*Innovateur, Moniteur de la Cordonnerie*, la lettre qui sert aujourd'hui d'introduction à ce livre. Bien que publiée dans une feuille spéciale et peu répandue dans le monde littéraire, cette lettre n'en fut pas moins l'objet de critiques assez vives.

Quelques-uns prétendirent que, par la forme et le fond

de son travail, M. Buchet de Cublize s'était placé beaucoup trop au-dessus du modeste sujet qu'il avait à traiter. Selon d'autres, c'était profaner l'art que de vouloir le trouver jusque dans les professions usuelles.

Les lecteurs qui auront eu la patience de nous suivre à travers notre étude dans l'antiquité auront vu, nous l'espérons du moins, combien ces appréciations étaient injustes. D'ailleurs des savants, des artistes qui jouissent d'une certaine autorité, ont depuis lors formulé des théories se rapprochant beaucoup des idées émises par M. Buchet, et confirmant entièrement ce qui avait paru si osé à ces quelques esprits timorés, qui voient l'art seulement dans les études intellectuelles et dans certains travaux manuels, spéciaux et restreints, tels que la peinture et la sculpture.

Les arts mécaniques, il faut le reconnaître, ne seront jamais aux yeux vulgaires que des métiers, et cependant, s'il est doux de rêver aux grandes choses de la poésie, par une soirée d'hiver, auprès d'un bon feu, mollement couché sur du velours, est-il moins grand de construire cet abri qui s'appelle la maison ; de faire croître haut et droit le bois que donne au hasard la nature ; d'abattre ce bois de façon à ce qu'il puisse être taillé pour en faire ces meubles confortables dont nous nous servons ; d'enlever au mouton sa laine pour en fabriquer ce velours élégant que prépare si coquettement le tapissier ?

L'art est partout ; il est aussi bien dans un vêtement harmonieusement coupé et habilement cousu, que dans la ferrure solide et gracieusement forgée d'un bâtiment.

Travailleurs courageux, chercheurs intelligents du beau dans le bon, ne croyez pas qu'il soit absolument nécessaire de faire de la poésie, de la peinture ou de la sculpture pour être un artiste. Tout ouvrier qui fait avancer son métier d'un pas dans la route éternelle du progrès, relève de l'art ; ceci soit dit sans préjudice de la hiérarchie.

Voici d'ailleurs sur ce sujet l'opinion d'un écrivain à la fois poète, artiste et savant. C'est Michelet qui, dans son dernier ouvrage, l'*Amour*, a écrit ces lignes :

« Un métier et une femme, voilà la première liberté, et
« de là viendront les autres.

« Je dis un métier, non un art de luxe. Ayez-en un
« de surcroît, à la bonne heure. Mais il faut d'abord un
« des arts utiles à tous. Qui aime et veut nourrir sa
« femme ne s'amuse guère ici à faire de l'amour-propre,
« à chercher la ligne précise entre l'art et le métier.
« Ligne en réalité fictive. Qui ne voit que la plupart des
« métiers, si l'on y pénètre à fond, sont des branches
« réelles d'un art? Ceux du bottier, du tailleur, sont
« bien près de la sculpture. Le dirai-je ? Pour un tailleur
« qui sent, modèle et rectifie la nature, je donnerais trois
« sculpteurs classiques. »

Comme le génie est sobre et clair dans son langage ! Que de pensées profondes et saines! Que de conseils utiles à tous! Quelle réparation pour les uns, et quelle leçon pour les autres dans ce peu de mots!

Pour nous qui avons *pénétré à fond* la cordonnerie, nous le disons hautement : les difficultés que le cordonnier ou le bottier doit vaincre pour chausser solidement, hygiéniquement et élégamment un pied, même bien fait, sont nombreuses ; et celui-là qui les aura vaincues est un *artiste*, dans l'acception la plus complète du mot.

La cordonnerie, aujourd'hui généralement peu prisée, fut très-considérée chez les anciens, nous l'avons dit. Sous Numa Pompilius, le peuple romain était divisé en neuf corporations ; dans cette division, l'ordre numérique avait alors une grande signification : c'est donc dire suffisamment combien la profession était tenue en estime, puisque les cordonniers y occupaient le cinquième rang. Mais si nous constatons ce fait, nous ne voulons en arguer rien de défavorable aux autres professions ; car toutes, pour être exercées habilement, exigent que l'ouvrier, comme l'a dit si bien M. Buchet, soit toujours et tout à la fois, avec des degrés de plus ou de moins, savant, artiste et artisan : savant parce qu'il conçoit, artiste parce qu'il exprime, artisan parce qu'il exécute et pratique.

Parties infimes du grand tout, unités atomiques du concert immense dans lequel chacun de nous pousse sa note, avons-nous le droit de nous humilier ou de nous enorgueillir du ton plus ou moins élevé dont le sublime maëstro nous a dotés ? En être heureux et reconnaissants, voilà ce qui nous est permis ; en être fiers ou honteux, c'est nous montrer indignes du bienfait, c'est blasphémer contre le bienfaiteur !

D'ailleurs, ne voyez-vous pas cette tendance de notre époque à détrôner tous les faiseurs d'*inutilités*, si jolies qu'elles soient ? Il ne suffit plus aujourd'hui de bien peindre, de bien sculpter, de bien écrire ; de parler aux yeux du corps, aux appétits voluptueux des sens ; il faut, pour compter parmi les grands artistes, que le peintre, le sculpteur et l'écrivain mettent sous le pinceau, le ciseau et la plume une idée humanitaire ; il faut que leur œuvre parle à l'intelligence et à la raison; mais s'il faut ainsi que l'art se fasse utile dans toute l'acception du mot, il faut aussi que les faiseurs de la chose usuelle s'efforcent à la rendre artistique.

La pensée de M. Buchet de Cublize, comme la mienne, a donc été de fournir une démonstration sérieuse de la noblesse du travail et de son heureuse influence sur les destins de l'humanité. Lorsqu'il dit: Il n'y a pas de décadence pour les peuples qui travaillent ! M. Buchet produit là un fait dont il est facile de constater la vérité, en jetant un coup d'œil, non-seulement sur l'histoire ancienne, mais sur l'état des sociétés contemporaines.

Il ne serait peut-être pas trop hardi de comparer la vie sociale d'un peuple à l'organisation physique de l'être humain. Ce que l'on est convenu d'appeler les beaux-arts : littérature, peinture, sculpture, etc., seraient comme le cerveau; et les arts mécaniques, ceux qui sont plus directement en rapport avec le côté matériel de la vie, figureraient les membres. Or, pour que le corps social d'un peuple soit complet et sain, il lui faut, comme au corps de l'homme, un équilibre parfait dans toutes ses parties puisqu'elles sont solidaires. Donc, point d'industrie sans art.

Pour revenir au sujet qui nous occupe plus spécialement, constatons que les époques qui nous ont donné de grands poètes, de grands écrivains, de grands artistes, enfin, nous ont aussi légué des costumes d'une élégance et d'un goût parfaits : témoin dans l'antiquité les grands siècles des Ramsès, des Périclès, des Auguste, et plus tard, succédant au laborieux enfantement du moyen âge, quoi de plus remarquablement artistique que les costumes inspirés par la Renaissance ?

C'étaient bien certainement des artistes, ceux-là qui donnaient à ces chapeaux empanachés, à ces manteaux brodés, à ces pourpoints tailladés, à ces hauts-de-chausses à crevés, à ces bottes molles, longues et plissées, le gracieux aspect qui prêtait un air à la fois si martial et si noble aux cavaliers qui s'en revêtaient.

Point d'orgueil donc! Reconnaissons la puissance artistique de ceux qui, en ornant et en embellissant nos personnes, concourent par leurs intelligents travaux à caractériser matériellement une époque par le costume, comme le font, au point de vue intellectuel, les belles-lettres et les beaux-arts. Quel est l'historien, le peintre ou le poète qui, dans ses œuvres, oserait aujourd'hui négliger l'étude du costume ? S'il est impossible de se figurer saint Louis en fraise tuyautée, en pourpoint tailladé, en chausses bouffantes, en bottes serrées et montantes, et Henri IV vêtu d'une *cotte de camelot*, d'un surtout de tiretaine, coiffé d'un chaperon et marchant dans des souliers à la poulaine, serait-il moins ridicule aujourd'hui de montrer Sésostris chaussé d'un campagus ou César d'une botte à l'écuyère ?

Les anciens, on l'a vu, avaient un soin extrême de leurs pieds, et, dès l'antiquité la plus reculée, nous savons que cette partie du corps était soumise à une hygiène toute spéciale. Ainsi, les Hébreux garnissaient leurs chaussures de myrrhe, d'ambre et d'autres substances précieuses, pour neutraliser les mauvaises odeurs produites par la transpiration. Et, puisque nous en trouvons l'occasion, plaçons ici une note citée par M. Berlesch, et que nous avons trouvée trop tard pour l'insérer dans notre chapitre spécial à ce peuple.

Les Hébreux attachaient à leurs chaussures des grelots et des morceaux de bronze qui, pendant la marche, produisaient par le frottement un bruit agréable.

Ils avaient encore un luxe aussi charmant que singulier, il consistait à porter, sous le talon de leurs chaussures, ou le nom ou le portrait de leur bien-aimée, gravés sur métal, de façon à ce que, pendant la marche, la figure s'imprimât sur le sable ou sur la terre molle, comme une continuelle promesse de fidélité.

Mais revenons aux soins tout particuliers dont les pieds étaient l'objet dans l'antiquité. Les Egyptiens, les Grecs, les Romains se lavaient les pieds avant chaque repas. Et beaucoup d'entre eux ne se contentaient pas de se les laver ou faire laver, mais encore ils se les faisaient parfumer. Ces usages sont constatés par un grand nombre d'historiens et par les peintures du temps.

L'humanité recule sur un point quand elle avance sur un autre. Les anciens n'auraient pas, comme nous le faisons aujourd'hui, sacrifié à des exigences de mode, d'un goût plus ou moins douteux, la question hygiénique et sanitaire de leur corps ; et, si, dans notre beau pays de France, les six dixièmes des habitants ont les pieds meurtris, estropiés, défigurés par l'usage des chaussures sottement combinées de par la mode, à Athènes, à Rome, chez les Grecs et les Romains enfin, on peut sans crainte affirmer qu'il n'en était point ainsi. Longtemps même ceux-ci ne portèrent en grande partie que des chaussures ouvertes, laissant voir le pied à partir de la cheville Les orteils étaient libres et séparés, comme la nature nous les a donnés.

Quand les anciens mirent en usage les chaussures fermées, ils ne firent point consister la beauté de l'extrémité inférieure du pied dans son étroitesse ; le pied put toujours s'étaler aisément et librement dans la chaussure, dont la semelle était d'une largeur au moins égale à celle de la plante du pied.

Plus tard, des femmes se serrèrent les pieds, il est vrai ; mais ce ne fut là qu'une exception mal portée, mal vue, qui fut très vivement blâmée par les critiques du temps. Aujourd'hui l'exception est devenue la règle : et ce n'est malheureusement pas toujours d'*elles-mêmes*, en fait de mode, que les honnêtes femmes s'inspirent.

Le choix des matières employées jadis pour la chaussure révèle aussi une grande intelligence. L'empeigne, autant qu'il nous a été permis d'en juger, était toujours faite de matières souples et perméables à l'air. Aujourd'hui c'est l'été que le cuir verni est le plus en usage pour la chaussure : on garde le veau ciré pour l'hiver. C'est le contraire qui devrait avoir lieu. L'hiver, le cuir verni serait un préservatif contre l'humidité, tandis que l'été, ce cuir, par son imperméabilité, non-seulement amène la chaleur, mais encore conserve les pieds dans un état de moiteur souvent très-nuisible à la santé ; ainsi le veut la mode.

S'il vient à l'un de nos lecteurs l'idée de constater un jour, aux bains froids, dans quel état sanitaire se trouvent les pieds de ses voisins, il reconnaîtra, non sans étonnement, que sur dix personnes, six au moins les ont meurtris, blessés ou déformés par l'usage de chaussures mal faites !

La cordonnerie française est cependant encore la première du monde. Jugez du pire par le meilleur !

D'où viennent de si affligeants résultats ? Voici notre réponse :

Depuis quelques années, la cordonnerie semble s'être transformée, et devoir passer des mains des maîtres cordonniers et bottiers dans celles des confectionneurs.

Les confectionneurs sont généralement des négociants habiles, se rendant un compte exact des prix de revient et des prix de vente, mais parfaitement étrangers à la profession qu'ils exploitent.

La France est inondée de chaussures en apparence fort bien faites et solidement fabriquées. Les prix auxquels les débitent les *merciers*, les *bonnetiers*, les *épiciers* (il se vend autant de chaussures chez ces trafiquants divers que chez les cordonniers) sont au-dessous de celui auquel le vrai cordonnier-bottier *sur mesure* est obligé consciencieusement de vendre la botte ou le soulier qu'il fabrique. Or, le vieux proverbe, *Il y a plus d'acheteurs que de connaisseurs*, ne fut jamais d'une plus grande vérité.

Lorsque le *confectionneur* est lui-même un ancien maître cordonnier-bottier, le danger est moins grand. Cependant on ne peut nier que s'il est impossible de trouver, dans le monde, deux êtres dont la ressemblance physique soit complète, il faille par la même raison en dire autant des pieds. Si le cordonnier le plus habile, tout en vous prenant mesure et en préparant spécialement des formes qui sont le modèle de votre pied, n'arrive pas toujours à vous chausser sans reproche, comment supposer qu'un soulier, une botte, ou un brodequin faits uniformément sur une pointure quelconque réussiront à vous chausser ? Peut-être que le hasard vous fera rencontrer bien aujourd'hui; mais le lendemain il vous estropiera. Ceci nous explique l'accroissement successif du nombre de MM. les pédicures par les mains desquels il passe aujourd'hui plus de pieds que par celles des véritables cordonniers.

Cet état anormal d'une profession indispensable, trop longtemps délaissée par la consommation au profit de quelques entrepreneurs, a eu pour résultat de faire diminuer le nombre des bons ouvriers. En voyant comme le métier rapportait peu, quels déboires on avait à y supporter, quelle concurrence il fallait soutenir, les parents ont hésité à mettre leurs enfants en apprentissage chez des cordonniers. Qu'en résulte-t-il aujourd'hui?

Que les bons ouvriers devenant de plus en plus rares, et les consommateurs qui préfèrent payer cher une chaussure si elle est solide et faite à leurs pieds devenant de plus en plus nombreux, les maîtres cordonniers et bottiers sur mesure réclament vainement, tout en élevant le prix des façons, de *véritables* ouvriers. Ceux qui méritent le titre de *bons ouvriers* sont rares, très rares ; et la *confection* elle-même, alarmée des reproches qui lui viennent de tous les côtés, désireuse de ne point perdre ses clients nombreux, veut aussi de *bons ouvriers*. Or, avant peu, il sera peut-être impossible d'en trouver qui soient vraiment dignes de ce nom.

Heureusement une réaction se produit, lentement, il est vrai : mais, pour l'observateur attentif, il semble certain que d'ici à quelques années la cordonnerie et la botterie sur mesure auront reconquis leur ancienne splendeur. Les ouvriers, obtenant des salaires élevés, comparativement à ceux des autres métiers, les apprentis deviendront nombreux ; et le goût inné chez le travailleur français aura bientôt ramené cet heureux temps où la cordonnerie occupait justement le rang qu'elle mérite dans l'art à la fois si divers et si utile du vêtement.

Déjà, à Paris, de nombreuses maisons de cordonnerie et de botterie sur mesure sont en possession d'une clientèle intelligente qui ne veut à aucun prix de la chaussure toute faite ; et chaque ville de province, même la plus petite, compte au moins une maison dans le même cas.

Quant à la confection, elle aura toujours en France,

pour certaines chaussures spéciales et à bon marché, de nombreuses commandes. D'ailleurs les marchés étrangers lui font tous les jours des demandes quadruples de ce qu'elle peut leur fournir. Ne la plaignons donc pas : sa part est si riche et si large qu'elle ne prendra pas, nous l'espérons, notre amour de la cordonnerie et nos vœux pour sa renaissance artistique comme une opposition au développement de son opulence.

La cordonnerie n'est pas la seule profession qui soit ainsi sans élèves sérieux. M. Auguste Luchet, dans une série d'articles publiés par le journal le *Siècle*, sous le titre démocratique des *Arts Parisiens*, constate avec douleur le peu de soin apporté dans les études que l'on fait faire aux apprentis de chaque profession. Les conseils ne manquent pas cependant aux chefs d'ateliers et aux fabricants ; mais ce que les avis d'hommes compétents ne peuvent obtenir, la nécessité, le besoin d'ouvriers l'amèneront. Depuis quelques mois déjà les bons ouvriers cordonniers obtiennent une augmentation importante dans les prix des façons ; et bientôt il en sera ainsi de toutes les professions où ceux qui savent sont devenus rares.

Un grand mouvement intellectuel s'opère en même temps que celui-ci. Les ouvriers aiment à s'instruire, et les journaux professionnels, qui deviennent une nécessité, comptent de nombreux lecteurs. Leur lecture, en même temps qu'elle élève le goût, entretient dans les membres de la profession une émulation salutaire.

Les journaux spéciaux sont appelés à jouer un rôle important dans la presse du siècle des *spécialités* par excellence, et avant peu, chaque industrie voudra avoir son *Moniteur*. Les journaux professionnels seront les archives que consulteront plus tard avec intérêt les historiens, ceux, au moins, qui ne croient pas qu'une société se manifeste uniquement par sa politique, ses batailles, ses sermons et sa littérature.

Dans les journaux professionnels, le chercheur philo-sophe trouvera l'histoire laborieuse du peuple, écrite jour par jour et se révélant non-seulement par les événements qu'ils enregistrent, par les progrès qu'ils constatent, mais encore par la situation morale et financière qu'ils dis-cutent au point de vue de la profession que chacun d'eux est appelé à guider et à défendre. La magnifique recons-truction commencée par Alexis Monteil aura ainsi sa suite et sa réalité.

Ah! si l'antiquité, qui n'avait pas l'imprimerie, nous avait laissé les archives manuscrites des corporations, l'auteur de ce livre n'eût pas été forcé de consulter plus de quatre cents volumes, de feuilleter tous les atlas des savants, de se faire traduire tant de livres et de manus-crits étrangers, pour arriver à connaître si imparfaite-ment encore la situation faite dans le passé à la pro-fession qui nous occupe.

Quand chaque corps d'état aura son journal, il arri-vera sans doute que le rédacteur, en même temps qu'il s'initiera forcément aux travaux de la profession, voudra voir quel a été le passé de cette profession; et des his-toires spéciales surgiront, écrites par des écrivains spé-ciaux et compétents. Elles auront tout au moins, à défaut de mérite littéraire, celui d'être d'une grande clarté pour tout ce qui aura rapport au côté technique si utile à développer dans ce genre d'études ; et de tous ces matériaux réunis on pourra bâtir une histoire à peu près réelle de la marche des peuples et de la condition faite aux artisans à toutes les époques et dans tous les pays. Le travail, cette continuation sublime de Dieu par l'homme, aura enfin ses annales et ses fastes !

> Ouvriers, qui peuplez le monde,
> Pour vous la terre est un vaste atelier.
> Entonnez gaîment votre ronde :
> Nous sommes fiers de travailler ;
> C'est Dieu qui fut le premier ouvrier !

Pour ne prendre, par exemple, qu'une spécialité qui, à elle seule, réunit plusieurs corps d'état, ne serait-ce pas un travail à la fois intéressant et utile que celui où l'on passerait en revue tous les métiers dits *du bâtiment*, depuis le manœuvre qui gâche le plâtre et le carrier qui extrait la pierre, jusqu'au tapissier et au peintre qui ornent et décorent le logis ? Que d'études curieuses à faire, que d'obscurs dévoûments à mettre au jour ! Que de progrès à constater et à prédire ! Ce serait le meilleur moyen peut-être de relever les ouvriers à leurs propres yeux ; et ils en ont tant besoin, par le temps d'argent qui court !

Cette tâche, nous l'avons acceptée de grand cœur pour

la cordonnerie, et nous la continuerons, n'espérant pas faire une chose utile seulement aux cordonniers ; car ainsi que les auteurs du *Cordonnier de Crécy* le font dire au héros de leur drame : « Les historiens et les peintres ne savent pas tous comment était chaussé Clovis ou même Charlemagne : un cordonnier devrait le savoir. Or, une pièce du costume conduit à tout le costume ; le costume à l'homme ; l'homme au temps, et puis, et puis !... »

Si nous n'atteignons pas le but que nous nous sommes proposé, d'autres, plus forts, mais non plus désireux d'être utiles, viendront après nous, et feront mieux.

L'homme doit travailler, c'est sa fonction : et si nous sommes heureux de voir ceux qui sont en position de vivre à ne rien faire prendre une part active aux grandes luttes intellectuelles et industrielles de notre temps, nous le serions encore plus de pouvoir répandre dans l'esprit de ceux qui demandent à leurs bras le pain de chaque jour cet amour du travail, seul capable de leur faire la vie douce, patiente et tranquille.

Quand vous sentez sourdre la force
Dans vos bras et dans vos cerveaux,
De l'enfant dépouillant l'écorce,
Courez tous à tous les travaux.
De vos chefs-d'œuvre ornez le monde,
Et le ciel viendra les bénir.
Ils seront, si Dieu les féconde,
Votre gloire dans l'avenir !

Ouvriers de tous les états, sachons en l'honorant nous contenter du lot qui nous est échu, et soyons convaincus que notre travail, si infime qu'il soit, s'il est intelligemment et courageusement accompli, devient une des causes qui doivent produire le GRAND EFFET.

> En tout lieu laissant votre trace
> Vous pouvez montrer vos hauts-faits!
> C'est vous qui dressez dans l'espace
> Les mansardes et les palais.
> Sur bois, sur cuir, métaux et pierres,
> Exerçant vos mille talents,
> Jusqu'aux plus lointaines frontières
> Vous portez vos pas de géants !

Pourquoi la France marche-t-elle encore à la tête des nations ? c'est parce que, dans son laborieux et sublime enfantement de 89, elle a consacré cette loi sainte : LIBERTÉ DU TRAVAIL INTELLECTUEL ET MANUEL. Tout son avenir et celui du monde y sont désormais renfermés.

[illegible]

NOTE DE L'ÉDITEUR.

Nous avons l'espoir que cet ouvrage sera souvent consulté, ainsi que le sont tous les livres spéciaux.

Pour faciliter les recherches, nous avons cru devoir établir trois tables détaillées : une table des sommaires, une table des chaussures mentionnées dans ce volume, et enfin une table des gravures intercalées dans le texte.

TABLE DES SOMMAIRES

CHAPITRE III.

—

AFRIQUE.

DE LA CHAUSSURE CHEZ LES ÉGYPTIENS ET LES LES ÉTHIOPIENS.

CHAPITRE IV.

—

ASIE.

CHAPITRE V.

—

EUROPE.

DE LA CHAUSSURE CHEZ LES HELLÈNES LES PÉLASGES ET LES GRECS.

CHAPITRE VI.

—

CHAPITRE VII.

—

DE LA CHAUSSURE CHEZ LES ROMAINS.

CHAPITRE VIII

CHAPITRE IX.

FIN DE LA TABLE DES SOMMAIRES.

TABLE DES CHAUSSURES

—◆—

AFRIQUE.

—

ASIE.

CHINE ET JAPON.

INDE.

MÉDIE ET PERSE.

PARTHIE.

ARMÉNIE.

SCYTHIE.

ÉTRURIE.

RÉPUBLIQUE ET EMPIRE ROMAINS.

HERCULANUM ET POMPEI.

—

CHAUSSURES DES BARBARES

JUSQU'A L'ÉPOQUE DE L'INVASION.

—

GERMAINS.

BRETONS.

GAULOIS.

FIN DE LA TABLE DES CHAUSSURES.

TABLE EXPLICATIVE

DES GRAVURES.

—◆—

FRONTISPICE.

Le Frontispice, composé d'après l'antique, reproduit quatre médailles de personnages célèbres ayant exercé la profession de cordonnier, et deux bas-reliefs.

EUROPE.

—

HELLÈNES ET PÉLASGES.

ÉTRUSQUES.

ROMAINS.

DESSINS ET CHAUSSURES TROUVÉS A HERCULANUM ET POMPEI.

—

CHAUSSURES DES BARBARES.

—

GAULOIS.

GOTHS.

MARCOMANS.

HÉRULES.

GÉPIDES.

HUNS.

FIN DE LA TABLE DES GRAVURES.

Paris. — Typ. Vᵉ Lacour, rue Soufflot, 18.

LISTE PAR ORDRE ALPHABÉTIQUE

DES SOUSCRIPTEURS

À

L'HISTOIRE DE LA CHAUSSURE, DE LA CORDONNERIE ET DES
CORDONNIERS CÉLÈBRES

PAR CHARLES VINCENT.

AUBERTIN, à Méry-sur-Seine (Aube), 2 exemplaires.

AMELOT (Lubin), à Monneville, ct. de Chaumont (Oise),
2 exemplaires.

ACKERMANN, à Wissembourg (Bas-Rhin).

AUBERT, à Essoyes (Aube).

ARMAND, à Toulouse (Haute-Garonne).

ANDRÉ, à Marseille (Bouches-du-Rhône),

ALONZO (José), à Barcelone (Espagne).

ARROYO (Manuel), à Jaën (Espagne).

AYMARETTO, à Aix (Bouches-du-Rhône).

T

ADRESSAIRES, à Mirecourt (Vosges).

AMSLER, à Beaune (Côte-d'Or).

AUBERT (Jean), à Digne (Basses-Alpes).

BABLON, à Chaumont (Haute-Marne).

BARAILLÉ, à Corneille-la-Rivière (Pyrénées-Orien.), 2 ex.

BARBIER fils, à Crémieu (Isère).

BARTIBAS, 2e zouaves, 2 ex.

BAUCHON (Pierre), à Nice (Piémont).

BAUBIS, à Semur (Côte-d'Or), 2 ex.

BAUCHON, au 65e de ligne.

BEGUET, au 79e de ligne.

BELLÉDIN, à Paris, rue des Juifs, 1.

BELLIER, à Nouzon (Ardennes), 2 ex.

BENARD, à Orléans (Loiret), 2 ex.

BERNARDEL père et fils, à Anduze (Gard), 2 ex.

BERNARD, à Châtillon-sur-Seine (Côte-d'Or).

BENOIST, à Malhesherbes (Loiret).

BILLIEUX, à Bayeux (Calvados).

BISTER MARIN, à Namur (Belgique).

BLANCHOUIR, à Laval (Mayenne).

BONY, rue St-Antoine, 32, à Paris.

BOUCHER fils, à Condom (Gers).

BOULANGER, 7e artillerie, 2 ex.

BOURSAT, à La Charité (Nièvre), 2 ex.

BOCQUET-YARD, à Forges-les-Eaux (Seine-Inf.), 2 ex.

BOURRYON, 78, rue Quincampoix, à Paris, 3 ex.

BOUTHIER fils, au Breil, par Connerré (Sarthe).

Bros, à Bességes, par Saint-Ambroix (Gard).
Bruwier (P. A.), à Hannut (Belgique).
Brousté, à Nougaroulet (Gers).
Bunoef, à Trevières (Calvados), 2 ex.

Cabu-Février, à Liége (Belgique).
Cabu-Février, à Namur (Belgique).
Cabu-Février, à Bruxelles (Belgique).
Cabu (L.), à Charleroy (Belgique).
Cabu-Matagne, à Namur (Belgique).
Cabu-Pieters, à Namur (Belgique).
Cabu-Richaldo, à Liége (Belgique).
Cahouet-Roy, à Corbigny (Nièvre).
Callebaut, constructeur, à Paris, 2 ex.
Camenish, à Alger (Algérie).
Camalet Joanny, à Rabasteins-sur-Tarn (Tarn), 2 ex.
Caron, à Chevières, par Verberie (Oise).
Carrot, à Luxeuil (Hte-Saône), 2 ex.
Cagneaux-Morin, à Wasigny, ct. de Nouvion (Ardennes),
     2 ex.
Cassagne, à Robiac, par Saint-Ambroix (Gard).
Caulier père et fils, à Haubourdin (Nord), 2 ex.
Chabrière, à Valence (Drôme), 2 ex.
Chabrat, à Mauriac (Cantal).
Champenois, à La Charité-sur-Loire (Nièvre), 2 ex.
Charmont, à Pithiviers (Loiret).
Chantre, à Toulouse (Hte-Garonne), 2 ex.
Chapuis, à Saint-Germain-Laval (Loire).
Chassevant, à Châteauneuf (Eure-et-Loir).

Camus (L.), à Liége (Belgique).

Chatelet et Guillot, à Onzain, ar. de Blois (Loir-et-Cher).

Chéreau, à Voulx (Seine-et-Marne), 2 ex.

Choisel, 12e artillerie montée.

Chollet, à Versailles (Seine-et-Oise).

Chrétien (Alex.), à Clamecy (Nièvre).

Clermontet, à Orléans (Loiret), 2 ex.

Clère (Pierre), à Ornans (Doubs), 2 ex.

Cochet, au 2e chasseurs d'Afrique, 2 ex.

Cocuelle-Picard, à Blangy (Seine-inf.).

Coderch, à Perpignan (Pyrénées-Orientales), 2 ex.

Colin, à Quinjey (Doubs).

Collet, aux guides de la garde.

Colombel, à Ouville-l'Abbaye, canton d'Yerville (Seine-Inférieure).

Compère, à Péronne (Somme), 2 ex.

Coniac frères, à St-Brieux (Côtes-du-Nord), 2 ex.

Corne, à Angers (Maine-et-Loire).

Cougny-Naudin, à Corbigny (Nièvre)

Cremel, 12me dragons, à Dôle (Jura).

Crunelle, à Vieux-Condé (Nord).

Cugnot, à l'Isle-Adam (Seine-et-Oise).

Dalibard, à Mayenne (Mayenne).

Danzel, à Neufchâtel (Seine-inf.), 2 ex.

Dansé, à Lyon (Rhône).

Dauvergne (Julien), à St-Yriex-la-Perse (Hte-Vienne).

Dautreygas, à Limoges (Hte-Vienne).

Deheppe, ouvrier cordonnier, au mont Saint-Martin,

Delon fils, corroyeur, 2 ex.

Delmas, 5e chasseurs à cheval, 10 ex.

Delavier-Chauvin, à Briennon-l'archevêque (Yonne).

Delréal, à Paris, 2 ex.

De Ruydder, à Paris.

Defoy, à Saverdun (Ariége), 2 ex.

Dervieux jeune, à Condrieu (Rhône).

Delerue, 8e de ligne.

Delail, à Paris, 2 ex.

Dennes, à Milhau (Aveyron), 2 ex.

Depierreux, à Marche (Belgique), 2 ex.

Derouard, président de l'union des cordonniers, 27,
    rue Quincampoix, à Paris.

Dessus, à Tournon-sur-Rhône (Ardèche).

Devoir, artillerie de marine, à Lorient (Morbihan), 2 ex.

Dezeaux-Lacour, tanneur, à Guise (Aisne).

Dieutegard-Lefebvre, à Meru (Oise).

Diderich, à Eterbrouch (grand-duché de Luxembourg),
    2 ex.

Dollé, 2me tirailleurs indigènes, à Mostaganem.

Donzel, à Nimes (Gard).

Domino, à Châtillon-sur-Seine (Côte-d'Or).

Dubupt Chevalier, à Rimaucourt, par Andelot (Hte-Marne)

Duquesnoy, à St-Pierre-les-Calais (Pas-de-Calais), 2 ex.

Dupasquier, à Sombernon (Côte-d'Or), 2 ex.

Dufour, à Lille (Nord), 2 ex.

Durand, à Melun (Seine-et-Marne).

Durez, 7e cuirassiers, 2 ex.

Durupt, à Soissons (Aisne).

Etesse Jeune, à Morlaix (Finistère).

Esnault, à Noyen-sur-Sarthe (Sarthe), 2 ex.

Estève, à Barcelone (Espagne).

Eynard fils, à Lyon (Rhône).

Fabian, à Etampes (Seine-et-Oise), 2 ex.

Farenc, au 2me infanterie de marine, 2 ex.

Farou-Lemoulle, corroyeur, à Dreux (Eure-et-Loir).

Favre, à Crémieu (Isère).

Fauvelle, 4me voltigeurs de la garde.

Feyt, à Figeac (Lot).

Fillioud fils, à Lyon (Rhône), 2 ex.

Filliat f^{res}, à St-Symphorien-de-Lay (Loire), 2 ex.

Firmin, à St-Denis (Seine).

Fleurent, 3e génie.

Flaicher, à Nérac (Lot-et-Garonne).

Flouquet, artillerie de la garde.

Floquet-Dubois, à Brunehamel (Aisne).

Fort, à Vignory (Haute-Marne), 2 ex.

Fonvielle, à Bergerac (Dordogne), 2 ex.

Foursac, dit *Alsici*, à Villefranche (Aveyron), 2 ex.

Fontenay, à Gannat (Allier).

Forgeot-Valier, à Bresler, par Nogent (Haute-Marne).

Foulon Desjardins, à Bourbourg (Nord).

Fournier, au 3e chasseurs d'Afrique, à Constantine.

Fonrouge, à Conquès, par Carcassonne (Aude).

Forest Auroux, à Beaune (Côte-d'Or), 2 ex.

Fremiot, à Toucy (Yonne), 2 ex.

Frantz, sous-officier au 11e d'artillerie montée, 2 ex.

Fremy neveu, 48, rue Compoise, à St-Denis (Seine).

Gaugi, à Cordes (Tarn), 2 ex.

Gayda, à Batignolles-Monceaux (Seine).

Gacquière, à Dieuze (Meurthe).

Gaudin, à Esches, par Meru (Oise).

Garraut (Achille), à Paris.

Gaillardet, à Is-sur-Til (Côte-d'Or).

Ganthier, au 2e voltigeurs de la garde.

Gérard, à Avignon (Vaucluse), 2 ex.

Grobet, à Marseille (Bouches-du-Rhône).

Grisel, à Chaumont (Oise).

Germa, à Béziers (Hérault).

Girard-Renaudat, à Villeneuve-l'Archevêque, 2 ex.

Ginoul, Md de cuirs, à Tarrare (Rhône), 2 exempl.

Gillion, à Paris, rue du Perche, 7 (Marais).

Girardon fils, à Avignon (Vaucluse), 2 ex

Gobillot, à Neuilly-l'Evêque (Haute Marne).

Gourdon-Herbert, à Cambrai (Nord).

Gollain jeune, au Havre (Seine-Inférieure)

Goguelat, à Buxy (Saône-et-Loire).

Godard, à Dijon (Côte-d'Or), 2 ex.

Godouet, à Tinchebray (Orne).

Gonsard, à Ezy (Eure), 2 ex.

Gourdon, à Chinon (Indre-et-Loire), 2 exemp

Gartrell, à Paris.

Guillier (Charles), à Château-Gonthier (Mayenne).

Guignard, à Ste-Foy-la-Grande (Gironde).

Guillaume, à Miremont, par Auterive (H.-Garonne), 2 ex.

Guerin, à Charny (Yonne).

Guinan, à Renan, canton de Berne (Suisse).

Guénin fils, à Paris, 3 ex.

Guillaume, à Tartas (Landes).

Guillot Jeune, tanneur-corroyeur, à Paris.

Héral à Constantinople (Turquie), 2 ex.

Henri-Denis, à Fremay (Sarthe).

Henrard-Lerneaux, à Veviers (Belgique).

Henrard (G. F. G), à Aubel, près Liége (Belgique.)

Hubert (Guillaume), à Montacher (Yonne).

Hugues frères, à St-Venant, 2 ex.

Imbs, aux pontonniers, à Strasbourg (Bas-Rhin).

Jayez, à l'École de Saumur (Maine-et-Loire).

Jochum, à Melun (Seine-et-Marne).

Jous, à Entrain-sur-Nohoir (Nièvre), 2 ex.

Jouvenot, à Boulogne-sur-Mer (Pas-de-Calais), 2 ex.

Juillet, brigadier au 7e cuirassiers, 2 ex.

Keller, à Reneuvre ct. de Recey (Côte-d'Or), 2 ex.

Laffarge (Emm.), à Ile-sur-la-Tet (Pyrénées-Oriental.).

Labette, à Marle de Béthune (Pas-de-Calais).

Lauze, à Bédarieux (Hérault).

Laporte, à Boulogne-sur-Mer (Pas-de-Calais).

Lavergne, à Agen (Lot-et-Garonne).

Laplaine, à Thomery (Seine-et-Marne).

Landré, à St-Sauveur (Yonne).

Laly fils, à Soustons, par Dax (Landes), 2 ex.

Laffilé, à Abbeville (Somme).

Lados, au 21e de ligne.

Lamer, à Carcassonne (Aude).

Lannes aîné, à Castel-Sarrazin (Tarn-et-Garonne).

Laurent, à Fontainebleau (Seine-et-Marne), 2 ex.

Lebrun, à Joinville (Haute-Marne), 2 ex.

Lecomte, à Rosay, par Septeuil (Seine-et-Oise).

Lemonnier, à Saint-Lô (Manche), 2 ex.

Lejeune, à Chavignon, par Soissons (Aisne).

Legentil, à Châlon-sur-Marne (Marne).

Legrand, à Elbeuf (Seine-Inf.), 2 ex.

Letourneur, à Lisieux (Calvados).

Lemercier, à Vannes (Morbihan).

Le Barbe-Jeannon, à Revigny (Meuse).

Leautey, au 9e d'artillerie, 2 ex.

Lefort (Prosper), à Parginé-l'Evêque (Sarthe).

Le Breton, à Alençon (Orne).

Leretour, à Bernay (Eure).

Lepage, à Tremblay-le-Vicomte (Eure-et-Loir).

Legay, à Yvré-l'Evêque (Sarthe), 2 ex.

Legrand-Ringo, corroyeur, à Carvin (Pas-de-Calais).

Leboeuf fils, à Reims (Marne).

Lecomte, à St-Valéry (Seine-Inférieure).

Leclère, à Anguilcourt-le-Sart (Aisne).

Linquerque, au 68e de ligne, 2 ex.

Liard, à Angers (Maine-et-Loire), 2 ex.

Loiset, corroyeur, à Lille (Nord).

Louis (Emile), à Gondrecourt (Meuse).

Lecocq, à Boulogne-sur-Mer, 10 ex.

Loupart, à Verviers (Belgique).

Lucbert, à Symphorien, par Villandrault (Gironde), 2 ex.

Lucas, à Quintin (Côtes-du-Nord), 2 ex.

Marchal, à Roches-sur-Rognon (Haute-Marne), 2 ex.

Maneuc frères, à Ornaisons, par Luzignan (Aude), 2 ex

Macheneau, au 44e de ligne.

Mayeur (Joseph), à Quiévrain (Belgique), 2 ex.

Maujean, à Metz (Moselle).

Marius (André), à Toulon (Var).

Mauclair, à Thionville (Moselle), 2 ex.

Maurice, à Alger (Algérie).

Martin, à Grenoble (Isère).

Mareille aîné, à Sens (Yonne).

Mercier, au 7e hussards.

Membrun Lacoste, à Thiers (Puy-de-Dôme).

Mercier, à Mantes (Seine-et-Oise).

Méru, à Montpazat (Tarn-et-Garonne).

Métayer, à St-Florentin-le-Vieil (Maine-et-Loire).

Mergen-Duchesne, à Reims (Marne).

Millard, à Arcis-sur-Aube (Aube).

Millet, à St-Rambert (Ain).

Mineault-Parent, à Lamotte-Ste-Héraye (Deux-Sèvres), 2 ex.

Mouquet-Becquart, à Estaire (Nord).

Morin, à Mayenne (Mayenne).

Moinier, au 23e de ligne, à Ajaccio (Corse) 3 ex.

Mossand (Henry), à Noyers (Yonne).

Montier, à Châtellerault (Vienne).

Moulin, au Château d'Oléron (Charente-Inf.), 2 ex.

Moyse, à Morteau (Doubs).

Mongin-Soyard, à Langres (Haute-Marne).

Moine, au Bourgneuf (Saône-et-Loire).

Morel, à Bourgargental (Loire).

Mouton, à Paris.

Naudin, à Vallery, par Cheroy (Yonne).

Noellen, à Lorient (Morbihan).

Noguet, à Corbeil (Seine-et-Oise).

Nourry, à Notre-Dame-de-Tarcé (Sarthe).

Obry (Constant), à Vrillers-Bretonneux (Somme), 2 ex.

Palazzy, à Rhodez (Aveyron), 2 ex.

Payen-Villain, à Rimolly-sur-Seine (Aube).

Pellier, à Maubeuge (Seine).

Pilté, à Orléans (Loiret).

Perriot-Jaladon, au Châtelet, 2 ex.

Perrin fils, à Castel-Sarrazin (Tarn-et-Garonne).

Perrier Hirsch, tanneur, à Sézanne (Marne), 2 ex

Pretot, à Lure (Haute-Saône).

Pennes, tanneur, à Jarnac (Charente).

Périneau fils, à Mézières par Bonneval, 2 ex.

Pepe, au 59e de ligne.

Peyrant fils, à Toulon (Var).

Perrin, au 98e de ligne, 2 ex.

Pené, à Guise (Aisne).

Pétard, à Mondoubleau (Loir-et-Cher).

Pelfrène, à Caen (Calvados).

PERRARD (J.), à Toulon (Var).

PÉGOURIER et fils, à Brives (Corrèze).

PFIEFFER, à Guebwillers (Haut-Rhin).

PHILIPPEAU, à Digoin (Saône-et-Loire).

PIHET fils, à Déville, par Charleville (Ardennes).

PIERRON, 72, rue Richelieu, à Paris.

PLETSIER, à Lille (Nord).

PONSIGNON, à Haraucourt, par Sédan (Ardennes).

PONTIER, à Montcléra par Cazals (Lot).

POLLET-DEUILLY, à Armentières (Nord).

PONSONNET, à Annonay (Ardèche), 2 ex.

PORTE, à Saujon (Charente-Inf), 2 ex.

PROBST (Jules), à Tours (Indre-et-Loire).

PROBST (Daniel), à Tours (Indre-et-Loire).

PROBST (F.), à Neuveville (Suisse).

PRUVOST, à Dunkerque (Nord).

PREVOST, à Provins (Seine-et-Marne).

QUEVAL-DENIN, à Guines (Pas-de-Calais), 2 ex.

RAMEL et Cie, à Rio-Janeiro (Brésil).

RAPP père et fils, à Paris, 2 ex.

RAGGIO fils, à Grenoble (Isère), 2 ex.

RAYMONDY, au 43ᵉ de ligne, à Bourg (Ain).

RALITE, à Turesnes, par Maussac (Corrèze).

RAIN, à Crouy-sur-Ourcq (Seine-et-Marne).

REBOUL, à Dieu-le-fit (Drôme).

ROUFF, à Melisey (Hte-Saône).

REYMONENCQ, à La Roque Brussanne, par Brignolles (Var).

Rebuffat, 4e infanterie de marine, 2 ex.

Richier, à Novy, par Rhétel (Ardennes).

Rigolet, à Saulieu (Côte-d'Or).

Rigaud, 91, rue de l'Ecole, à Vaugirard (Seine).

Riel Martin, à St-Dié-des-Vosges (Vosges).

Robinet fils, à Chéroy (Yonne).

Roux à Montastruc (Hte-Garonne), 2 ex.

Rodet, à Etoile (Drôme).

Les Sociétaires cordonniers, à Tours (Indre-et-Loire), 2 ex.

Sacrez, à Provins (Seine-et-Marne), 2 ex.

Salomé, à Dunkerque (Nord).

Sanguinetti, à Bastia (Corse).

Schlenwerth, à Cassel (Gd-duché de Cassel).

Seigneuret, à Bonneval (Eure-et-Loir), 2 ex.

Senhausser (Henri), à Lausanne (Suisse).

Seguier, ouv. cord., à Tours (Indre-et Loire).

Séguineaud, à Cozes (Charente-Inf.)

Senac (J. J.), à Lavardac (Lot-et-Garonne).

Séguier (Firmin), à Caunes (Aude).

Simon, à Laval (Mayenne).

Sieurac, à Marseille (Bouc.-du-Rhône).

Soller, à Bâle (Suisse), 2 ex.

Soulard, à Bernay (Eure)

Sonthonax, à Lyon.(Rhône), 2 ex.

Stein père, à Villems, par Lannoy (Nord).

Stilman frères, à Dinant (Belgique).

THÉDALDY, à Montigny-le-Roi (Hte-Marne), 2 ex.

TAVEAU, à Sablé-sur-Sarthe-(Sarthe), 2 ex.

THINET, à Montbrison (Loire).

TAUPIN-GRAVELLE, à Issoudun (Indre).

TELLIER-VALERY, à Ochancourt, par Valines (Somme).

THÉROUDE, à Pont-Audemer (Seine-Inférieure).

THIRY, à Brenouille, ct. de Liancourt (Oise).

THOMINET (Aug.), à Touquin, par Rosoy (Seine-et-Marne).

THOM, à Montbéliard (Doubs).

TOUSSAINT, à Neufchâtel (Seine-Inf.).

TOELLON, à Lure (Hte-Saône).

TURLOTTE et DECROIX, à Lillers (Pas-de-Calais), 3 ex.

VASSELIER, à Rethel (Ardennes).

VARLET (N.), à Arleux, par Douai (Nord).

VALLET, à Foremoutiers (Seine-et-Marne).

VEYSSIÈRE , au 72e de ligne, à Draguignan (Var).

VERGELY, au 34e de ligne, à Toulon (Var).

VERDIER, ouvrier cordonnier, à Tours (Indre-et-Loire)

VERBECK, à Anvers (Belgique).

VILLEMÉ, à Chaumont en Vexin (Oise).

VINCENT, ouvrier cordonnier, à Tours (Indre-et-Loire).

VIENNET, à la Chapelle Saint-Denis (Seine).

WOSSELMAN, à Wissembourg (Bas-Rhin), 2 ex.

VIGUIER, à Rodez (Aveyron), 2 ex.

VOYEZ-QUITTIER, à Courcelles-le-Comte, par Bucquoy
      (pas-de-Calais).

WARGNY, à Cosne (Nièvre).

Wanhal, à Choisy-le-Roy (Seine).

Wech-Russe, 54, rue de Seine, à Paris.

Violette, à Marseille (Bouches-du-Rhône), 2 ex.

Witter, à Schelestadt.

Vuillard, à Thiers (Puy-de-Dôme).

Zurbach, à Lure (Hte-Saône).

Sont Cordonniers ou Bottiers les personnes dont les noms, dans la liste ci-dessus, ne sont suivis d'aucune qualification

(Note de l'Editeur.)

Fin de la Liste des Souscripteurs.